黒水城

カラホト幻想紀行

冥走 2

荒井省三

まえがき

旅に出る前にあった事

私は前回の自著「瞑想 私的西域放浪記」で訪れる事のできなかった多くの場所の中でも、特にバダイジャラン砂漠のエチナ河の尽きるところであるエチナに憧憬《しょうけい》の眼差《まなざ》しをもっていました。そして、いつかその地に踏み入るための準備をしている最中に、何のたたりか脳梗塞と心房細動を患《わずら》ったのです。

脳梗塞は軽症だったので10日ほどで退院できましたが、酒も禁じられ、リハビリでビーズ玉を箸でつまむなど療法士とホニャララ交流の日々でしたが、そんな時に心房細動を2年の間に3度も、しかも夜中に襲われ、救急で病院に入りました。

その中でも最初が特に印象的で、広々とした循環器内科の部屋で、私は酸素不足の金魚みたいに心臓をパクパクさせ呼吸困難に陥っていました。何が何だかわからないまま、ただただ自らの行いを悔い改めて神妙にし、心電図やレントゲンなどと手順が続き、やがて麻酔がかけられました。室内では電子音がパプピポパトトと鳴り響き、「１２３４５６……」と数えながら天国の階段を登っていく心境で、幽《かす》かに気の遠くなる中、医師の「電気……」と言う言葉が聞こえた気がしました。

やがて時を経て気がつくと、何と生きているではないか！

後でわかった事ですが、電気的除細動というもので心臓にショックを与えたそうです。その時、看護婦から「何かモグモグ喋ってましたよ！」と声をかけられたので、「なんて言ってた？」と聞いてみたところ、ニヤニヤして「何言ったかな～、でも言わない方が……」という返事。意味ありげな彼女の言葉に私は狼狽《ろうばい》し、うろたえながら、「モンゴル語でも喋ったんかも？」などと意味もない言い訳などしたものでした。

人は三途の川の向こうには極楽浄土とかいって、きれいな花畑が広がっているとよく聞くものですが、私の場合は天国への道を彷徨《さまよ》っている時、キリスト様が現れて「親愛なる我が友よ、よく来てくれました。天国へ誘《いざな》いましょう」と言いました。すると、仏様が「あなたは煩悩《ぼんのう》によって１０８もの欲望の罪を犯したので、天国に行かせるわけにはいきません」。そこにアラー神が現れ、「何の何の、どこぞの国の王様から見れば、あなた程度の煩悩は赤子みたいなもんだ」とおっしゃり、意見が割れ、天国宗教教祖委員会なるものが設置されました。そして、ヒンズーの神、天照大神、プカプカ神、ナントカ神などが紛糾《ふんきゅう》の結果、委員長なるヤブレカブレ神が「S、アラーイナルモノ、ナンジハニンゲンセカイデハ、ゴーヨクニシテスケベニンゲンデアルガ、スコシダケヨイコトモシタコンセキモウカガエル、ヨッテツミヲスコシゲンジテ、テンゴクイキヲミトメルモノナリ」、な～んて判決が下されたのです。

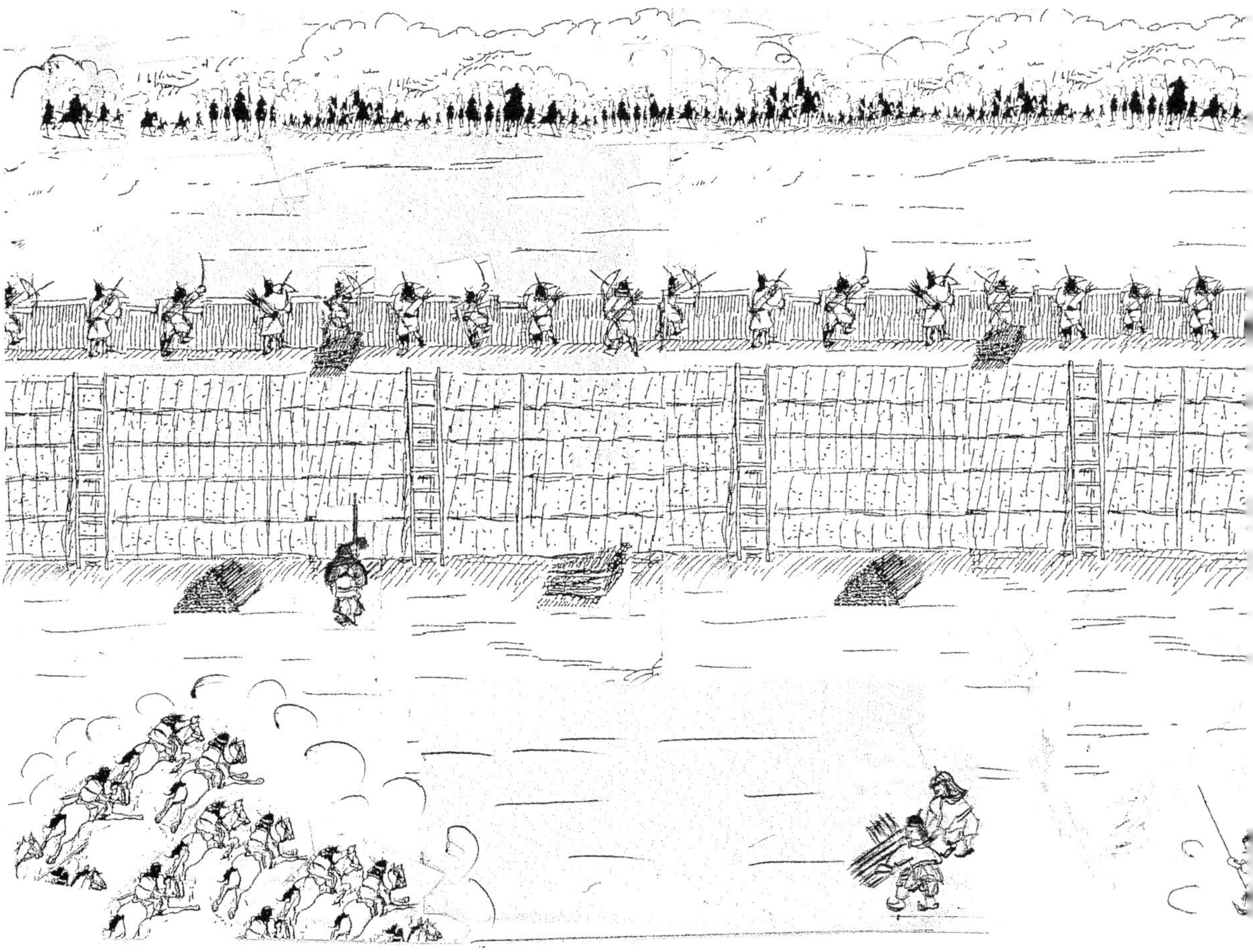

私が項垂《うなだ》れて聞いていますと、突然、閻魔《えんま》様なる大王がおいでになり、こう言いました。「トンデモナイ、セイゼンノオコナイマコトニ、ヨロシカラズ、ツミフカキモノヲテンゴクニイカセルワケニハマイラヌ、モットシャバデシヌホドノクルシミヲアジワウベシ。ヨッテシホウノトビラハアケラレヌ！」。私がその言葉に感極まり、閻魔様に抱きついて髭の濃いお顔にキッスなどをしようとしたら、酷《ひど》く蹴飛ばされて天上から突き落とされ、人間世界に舞い戻ったというわけでした。

私にとっては神様達の120年もの論争に思えたのですが、実は麻酔から目覚めるのに30分程度だった気がします。かくて私は晴れて時間をいただき、残された時間で、苦行のゴビの砂漠に行くと決心する羽目になりました。

それから主治医のO先生を訪ね、私の病状にして許可をくれるか危ぶんで、恐る恐る事のしだいを話しました。すると、私の品行不行正は先生もとっくに承知の上、何を言っても無駄とあっさりOK、あまつさえ親切な事に冥土に行っても使い切れないほどの薬を出してくれたのです。

かくして私と相棒・王華崗氏との瞑走苦行道中が、再び始まりました。

目次

漠北《ばくほく》へ向けて出発

　2013年6月と2014年4月の延べ3週間、私は中国西北部エチナ河流域の故城や、その尽きるところであるエチナと、かつて西夏《せいか》王国の城塞都市であったカラホト（黒水城）へと赴いた。そこはバダイジャラン砂漠の只中であり、またここは、シルクロードの物語の中でもとりわけ派手な舞台であった。

　武帝の時代、漢軍は霍去病《かくきょへい》や衛《えい》青《せい》の活躍で対匈奴《きょうど》戦に勝利し、漢王朝樹立以来、手を焼いてきた匈奴政策とその屈辱的従属関係から解き放たれたという。この漠北の古戦場に、私はかねてより訪れてみたいと思っていた。

　「匈奴」は紀元前300年頃の遊牧騎馬民族。モンゴル高原を拠点に、頭曼単于《とうまんぜんう》の時代、諸部族を集めて匈奴帝国を樹立し、南下して漢民族の地を500年に渡って侵し続けたという民族である。その匈奴帝国衰退の始まりの地が、エチナの地だ。

　内蒙古自治区のエチナへは、嘉峪《かよく》関《かん》から酒泉経由でおよそ500ｋｍ、9時間ほどで行けるという。嘉峪関で宿泊したホテルに、1週間貸切りの車を手配。私の同伴者王さんが面談して決めた人のよさそうな馬さんの運転で、私たちはエチナを目指す事にした。

　6月3日午前9時、北に向かって「漠北の道」へ出発。町並みを抜けて1時間もすると、周囲どこを見ても小石や砂利を敷き詰めた不毛の砂漠になった。広大な景観は見渡す限り砂、砂、砂の世界だ。道の所々に砂が堆積《たいせき》し、風が造った風紋が美しい。

　道路に水溜りがあるように見える陽炎《かげろう》が揺《ゆ》れている。道は黒い帯となってエチナに向けてバダイジャラン砂漠を二つに割り、一直線に地平線の彼方《かなた》に消えていくが、情景が何とはなしに漠々としている。道路と砂以外、何も見えないからだろう。

　私が中国西域に初めて入ったのが2005年で、当時は河西回廊《かさいかいろう》の南側には雪を頂いた祁連山脈《きれんさんみゃく》が折り重なるように続き天に突き出ていた。それ以来5回この地に入り、そのつど段々と雄大な山稜《さんりょう》が、濃い靄《もや》に覆われていく様を見てきた。

　しかし今回は、晴天にも関わらず薄赤い太陽の輪郭《りんかく》だけがわずかに見えるだけで、あの雄大な祁連山脈の峰々は全く姿を現す事はなく、茫漠《ぼうばく》としたすりガラスの世界だ。靄の粒子以外何も見えない。

　澄み切った山々を望む事はもう無理なのだろうか。中国の大気汚染（PM2・5）の深刻さが、この西域の地にも広がっているのかもしれない。そう考えると、私は暗澹《あんたん》たる気分に包まれた。

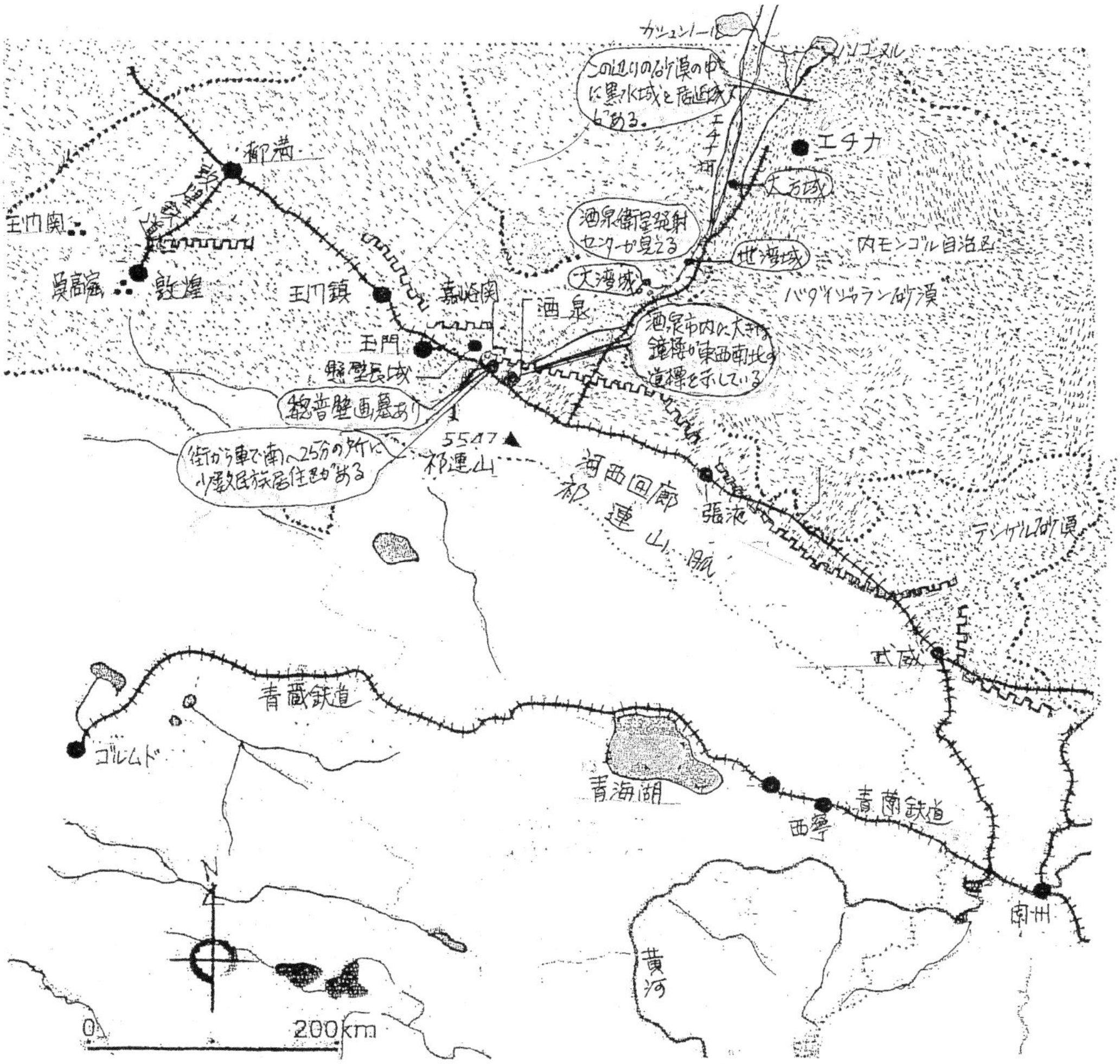

焼け焦げた赤茶色の大地が続く、バダイジャラン砂漠。まったく死の世界としか思えない

酒泉からエチナまで600kmの砂漠の道に3〜4km間隔で点在する烽火台。
しばしば目にする烽火台は、無人の砂漠に安らぎを与えてくれる

酒泉衛星発射センター

車は酒泉で寄り道をし、2時間ほど行くと低い山脈を切りひらいて下り道に入り、左側に青々とした湖が見えてきた。その周囲には集落があって樹木が緑をなし、小麦畑や綿畑が広がっている。さらに少し走ると、金塔県という町に入った。

この辺りは紀元前140年頃、匈《きょう》奴《ど》と戦いを繰り広げていた霍去《かくきょ》病《へい》の軍が駐屯していたといわれている場所だ。満々と湛《たた》えられた豊富な水が水草地帯をなし、漢の軍馬の駐屯地に相応しく、霍去病も匈奴討伐戦の往き帰りを繰り返していたに違いない。町の西側の砂漠地帯を、エチナ河に沿って3kmほどの間隔で漢代の烽火台《のろし》が続いている。

再び砂漠の中を走る。1時間ほどした頃、左側はるか彼方、スモッグに霞《かす》む中に、5棟ほどの高い建物が見えた。私が「あれは何じゃ?」と王さんに尋ねると、酒泉衛星発射センターで、明日人工衛星の打ち上げがあるという。そういえば南側棟に寄り添うように、尖った砲頭のような物体が天空に突き出ている。そのために警察車両や軍用車が行き交い、兵隊が鉄砲を掲げ基地の周囲を警戒している。運転手の馬さんの話では、近くに人民解放軍駐屯地があるそうだ。

私が数年前、エチナへの旅を計画していた頃に調べた資料では、酒泉

中国初の大型ロケット発射場として設立されたという
酒泉衛星発射センターが遠くに見える。空はスモッグで白くかすんでいた

酒泉市の金塔県にあった湖。その昔、霍去病はこの湖の畔に駐屯し、対匈奴戦に出撃していったに違いない

＝エチナ間は数日を要するとあったが、今走っている道路では急げば9時間ほどでエチナに着けるという。要するに、私達は酒泉衛星発射センターへ通じる軍用道路を走っているとの事だ。

王さんが急に、私達の車が一般車両である事や、私が日本人である事がわかれば、公安警察に逮捕されるのでは……と不安そうに馬さんに聞いたので、私は一瞬身構えた。

こういう場所には世界中のスパイがうようよ潜伏していて、私もその一人に間違えられるに違いない。

スパイ映画のヒーローになった気分で立居振舞を正し、王さんに「落ち着いていたほうがいい、キョロキョロするとかえって怪しまれるぞ！」とは言ったものの、実は私も内心ハラハラドキドキ。中国の公安警察の怖さは世界一だ。

しかし、王さんの問いを馬さんは全く意に介さず「問題ない」の一言。馬さんに緊張した様子は微塵もない。こんな事は当たり前なのか、よほどこの地の状況に通じているのだろうか。凄いやつだという感心と同時に頼りがいを感じる。運転手がそう言うなら、私達も恐れる事はない。あとはどうとでもなれだと勇気づいたり、でも不安になったり。小一時間ほど車が疾走した頃、公安車両や兵隊の姿が視界から消えた。

この砂漠の道を2000年以上も前の匈奴や漢、その後の西夏《せいか》軍、モンゴル軍、明軍、そして今の中国の広大な版図を作った清帝国と、幾多の民族が旌旗《せいき》をはためかせ、軍馬で駆け抜けていった。そして現在では、人民解放軍の戦車が地表を揺すっている。

私は、とりとめもなく過ぎ去ったものへの想いを馳《は》せた。今、私達もこの軍用道路の北の果て、漢代の最北の防衛ライン居延城を目指している。

エチナの町へ

荒涼たる沙漠を走った。まるで石炭のような色の砂であった。やがてそれが黄土色に変わり、蜃気楼の湖の中で烽火台が島と錯覚するように黒く揺れるのを見ながら、私達の車は砂漠の中の一直線に続く舗装道路をひたすら走って行く。

大掛かりな開発工事が目に入った。広大な荒野に重機やダンプカーが行き交い、それに従事する人達の姿が見える。砂漠の新開地のようだ。道路沿いに植えられた樹木が、水のない厳しい環境の中で、植えた尻から枯れているのが痛々しい。酒泉から500kmもの砂漠の奥地に、このような都市建設が果たして必要なのか。地方の役人の見栄と実績作りとしか思えない。王さんとそんな話をしていると、運転手の馬さんがエチナ郊外に入ったと言った。午後4時だから2時間も短縮して到着できた。やはり軍用道路の威力はたいしたものだ。

ほどなく市内に入った。王さんはいつものように3軒ほどの宿を回り、トイレと浴室の水や湯が充分使えるか、室内の設備などチェックし、金洋酒店というこざっぱりしたホテルに入った。

町の第一印象は2000年の歴史を持つオアシスの町という姿はなく、砂漠の中に造られた何の変哲もない殺風景な町だった。私の先入観では、エチナという名前からして砂漠の中の美しい湖岸に広がるオアシスの町という印象があり、銀川から敦煌に一直線に通じる交易の要衝だったので、シルクロードの香りに満ちた町と思っていたがそれは大間違いだった。シルクロードの面影などみじんもない。内蒙古だというのにモンゴル人より農民風の漢

13

人が多く、埃っぽく薄汚れたマスクを着けている人ばかりが目についた。

夕刻7時、王さんと夜の街に出る。といっても、まだ日は高い。ここでは、日が沈むのは9時近くだ。あまりきれいではないが食堂に入って名もわからない料理で満腹になり、次はマッサージに行く事になった。街中をうろうろ探したが、按摩《あんま》の看板は見つからない。仕方なくホテル近くまで戻ってくると、ホテルの近くの汚い雑居ビルの1階に、それらしい店があったので中へ入った。赤い絨毯が敷かれ、金色の布で巻かれた柱が見える。左側にカウンターがあり、その前のソファーに派手な服の若い女が4、5人座っていた。私は直感した。王さんよりはこの世界の事に長けている。王さんに「怪しい、ここを出よう!」と声をかけて外に出ようとしたところ、いつ現れたのか、丸太棒のような腕が私の肩を掴んだ。顔は極悪非道の丸坊主、雲つく大男が野太い声で何やら言っている。一度入ったらタダでは出られないのか、王さんは勇敢にも怒鳴りあいを始めた。私も、初めはそれやっちまえ!と少し興奮したが、俗にこの国でいう黒社会の店だ。とてもかなう相手ではない。

そして私達は……。

これから先は思い出すのも憂鬱《ゆううつ》になるのと、我がソンゲンに関わる事でもあり、書くのを止める。何故こんな事を書いたかというと、この地に旅をしたいと思っている方々に、コワーイ事もあるという教訓を伝えたかったからである。

エチナの町へ向かって砂漠をひた走る。蜃気楼の彼方に、烽火台がゆらゆらと揺れていた。まるで湖に浮かぶ島のようだ

居延城を探している途中に通りかかった漢人入植者居住区。開拓農民の集落だ

居延城を探す

王さんは、毎朝散歩の習慣がある。今日も散歩がてらどこかの市場で果物などを買ってきて、食べながら、朝から喧《やかま》しい。私は疲れがでたのか寝坊するようになり、朝食はまず取らない。まだ眠いと言って毛布をかぶるが、王さんに叩き起こされる。つくづく齢《とし》を取ったものだと、あらためて思う。

さあ、今日は居延城へ出発だ。私達は期待に胸を膨らませて、資料と水、食料を準備し、朝9時に運転手の馬さんの車で出発した。この辺りは常に西からの風が吹き、晴天でも空は薄白色だ。太陽も白く光り、地平線は靄《もや》がかかったように煙っている。

車は町を抜けて、川伝いに北へ向かった。川端には紅柳が密生している。紅柳は、その名の通り秋には真っ赤に色づき、目を見張るほどの美しさだという。その赤の群生を見るため、シーズンになると中国各地から紅葉見物客がやって来て賑わうのだと、馬さんは嬉しそうに話した。それが、彼にとっての稼ぎ時なのだ。

道沿いに耕作地があった。数人の農民が作業していたので、馬さんが彼らに地図を示して居延城の場所を聞いたが、誰もわからないと戻ってきた。それはそうだ、と思った。彼らのような開拓農民は、歴史などとは何の関係もなく砂まみれになりながら、生活のために、その日その日を働くことで精一杯なのだろう。

車はそれからいくつかの分かれ道を行ったり来たりする。我々は、どうやら道に迷ったようだ。砂漠が切れて水路が引かれているところに、開拓民のものらしき粗末な家が小さなかたまりをつくり、部落となっているのが見えた。しばらく走った後、その数棟の集落に入った。数人に「居延城はどこか?」と尋ねたが、やはり誰もわからなかった。言葉がうまく通じてないせいもあったが、入植者にとってその土地の歴史や遺跡などは無縁ということだろう。この土地に昔から住んでいるモンゴル人を探そう、ということに我々の考えは至った。

　しかし、モンゴル人は今どこにいるのか。

　かつて内蒙古《モンゴル》の地は、遊牧民《モンゴル人》の楽土だった。しかし、清朝末期頃から漢民族の入植者がどんどん入ってきて、耕作地を増やした。そのため遊牧地も急減し、餓死者が続出。挙句の果てには漢人がアヘンや梅毒を持ち込んだので、その病気の蔓延で人口が急激に減ったといわれる。まさにモンゴル人にとっては、ここに拡がる農耕地そのものが、虚しい廃土であり沈黙の地なのだ。

　私達はモンゴル人を探して当てもなく車を走らせたが、腹も空いたので一旦町の近くまで戻る事にした。時計を見ると、もう3時だ。途中、シシカバブを焼く匂いに惹かれて、羊肉と麺が食べられる食堂に入った。山ほどの料理を注文したが、この土地の料理は正直なところ旨くない。何もかも羊臭い。ただし、焼きたてのカバブに限っては別格だ。唐辛子を振りかけて、まだ熱いうちに口にほおばると、安物のビールまで旨くなるから不思議である。串モノは王さんも少しは食べたが、馬さんは食べなかったので、私がほとんどたいらげた。

　勘定の時、店の親父に居延城を聞いたが、やはり知らないと言う。それならばモンゴル人はどこにいるのかと尋ねると、近くに居住区があると言った。私達は、さっそくそこへ向かった。

　町を外れてしばらく車は迷路のような道を走った。そして、砂埃にまみれているが、整然と並んだ平屋建てのモンゴル人居住区に到着した。どの家の前にもパオ（移動式住居）が据えられている。漢人地区とはだいぶ雰囲気が違う。

　とある一軒の店が開いていたので中に入ると、客のいないテーブルで数人の男が井戸端会議の最中だった。王さんが彼らに話しかけたところ、公用の中国語を話せるという。私は持ってきた資料の中の地図を見せ、居延城について尋ねてみた。すると、1人が地図にじっと目を凝らし、指でなぞっている。私は、彼が私達の目的を理解した事を確信し、固唾を飲んで見守った。

　やがて、彼は口を開いた。王さんが私に通訳するには、地図に示された居延城の場所もその近くのソゴ・ヌルという湖の位置も違うらしい。私の持参した資料は漢代の『エチナ河流域の国境監視分布図』で、いわば2000年前の地形を記した古地図のようなものだ。私たちは、彼に現在の居延城の位置を教えてもらう事ができて大変喜んだ。

　そのとき、人品骨格に秀でた1人の老人が、地図上の殄北塞《てんほくさい》と記されている場所を指し、「この南側までは車で行けるが、そこからは徒歩になり、居延城の手前2〜3kmは誰も行けない」と言った。私は自分で直接理由を聞きたいが、残念なことに言葉がわからない。王さんを介し「たった2〜3kmでなぜ行けないの？」と聞くと、「そこは折り重なるように砂丘が続き、この季節の強風による砂塵《さじん》で

モンゴル人居住区に住むモンゴル人達は、
中国政府の定住化政策で与えられた住居に住まず、
家の前に建てたパオで暮らしていた

モンゴル人居住区では、学校もパオ型をしている。漢人居住区とはだいぶ雰囲気が違う

道標《みちしるべ》となる山の姿も道も掻《か》き消され、目的地を見失う危険がある」ということだった。そして、「私達の衣服や装備がこの炎天下に耐えられないだろう」とも言った。

老人の皺《しわ》に刻まれた顔は威厳に満ち、静かに語った。「私は、若い頃は人民公社のような所で働き、旅もしなかった。学問もないが、この砂漠の地形や周辺の遺跡の事は全て知っている。だが、どれもが砂に埋もれている」。その老人の語り口と見識は、私の心に畏敬《いけい》の念を抱かせた。

私達は、今回の一番の目的を断念せざるを得ず大きく失望したが、親切なモンゴル人達に礼を述べて店を出た。すると、ちょうど1人の若者がオートバイで近づいて来るのが見えた。政府の定住化政策で家をあてがわれてもなお、未だにパオで暮らしている彼らも、馬やラクダの生活はもう棄《す》ててしまったのだろう。オートバイの爆音を耳にしながら、せめて馬でもあれば居延城へ行けたのかも……と思った。

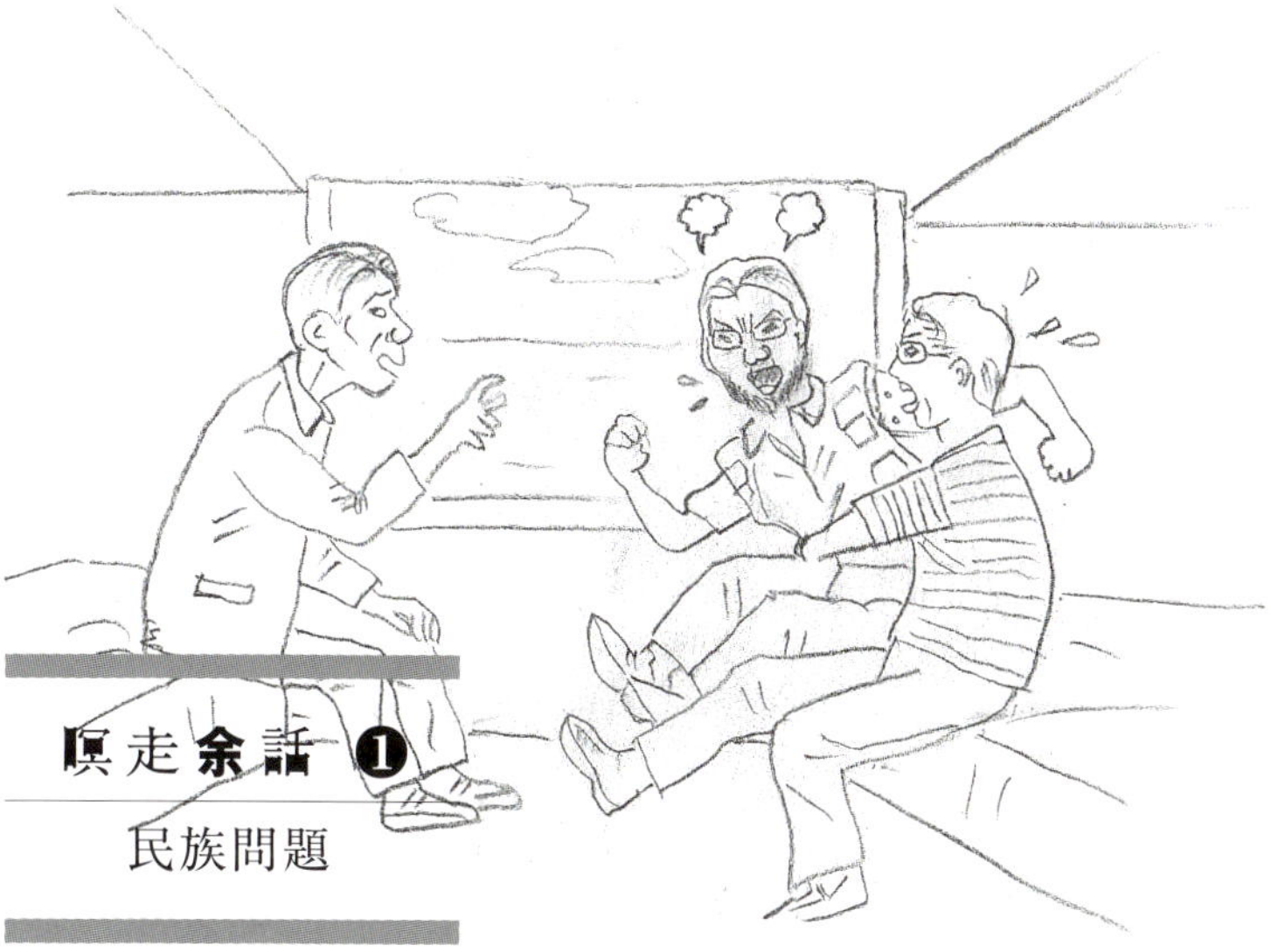

瞑走余話 ❶

民族問題

概して中国人と接していて感じるのは、彼らは自国の周辺の国々の言葉を、中国語の方言か、もっと酷くなるとカラスか猿の鳴き声くらいに思っている節があるということである。

私は以前、西安から敦煌に向かう途中、同じ列車のコンパートメント内で、あまり風体のよくない中年の労働者風の男と乗り合わせたことがある。その男は私達が列車に乗り込んだ時、すでに席についていて、こちらをジロジロ見つめていた。嫌な予感がしたが24時間余りは、この男と旅の道連れだ。

列車が走り出してしばらくした頃、王さんと話をしていると、男から「汚い言葉をベラベラ喋っているが、お前はどこから来たんだ」と言われた。王さんが「日本人だよ」と答えると、その男は「なんだ、日本鬼子《リーベングイズ》か。それは中国語の方言じゃないか。その島は、もともと中国の一部だ」とぬかし無礼千万!　日本鬼子とは、中国語圏で使われる日本人の対する蔑称だ。私はムラムラと怒り心頭に発して、「この貪百姓《どんぴゃくしょう》、牛に蹴飛ばされて死ね!」と日本語で言ってやったが、間抜けな相手は何のことかわからない。

この時は、喧嘩になったら大変と王さんが事を収めたが、万事そんな調子で中国人は「モンゴル人は頭が悪い」「ウイグル人は怠け者」「チベット人は文化が遅れているから発展しない」などとけなすので、めまいがするほど鼻につく。いまだに漢族の中国人の多くに、少数民族に対する偏見《へんけん》と差別という現実があり、政府によるシルクロードの街々に掲げられた「民族平等」のスローガンは色あせてみえる。

今、この国は後進的劣等感と、かつての大国意識とがないまぜに澎湃《ほうはい》としてみなぎり、歪《いびつ》な漢人主体のナショナリズムを形づくっているように思えてならない。そのうち沖縄も含めて「我が領内」なんて言い出すかも…。それは、冗談としても一般の中国人からたまに耳にする言葉でもある。

だが、すべての中国人がそうだとは思わない。私の相棒の王華崗くんや他の中国の友人達はみな良識的で、善良で、民族の文化を尊重し、融和して互いに平和に生活することを望んでいる。

私は、いつの日か全ての中国人にそんな日が来ることを願わずにはいられなかった。

胡楊林景区と神樹

今朝も晴天なのに薄靄《うすもや》がかかり、空の色は薄曇りのようだ。運転手の馬さんは、9時にはもうホテルに迎えに来ていた。王さんがカラホト（黒水城）までの間にいくつかの観光スポットがあるからと、宿にあった観光パンフレットを馬さんに渡して打ち合わせを始める。そのパンフレットには胡楊《こよう》林景区とか、神樹《しんじゅ》（樹齢３０００年、高さ27m、太さ2・65mという信じがたい古巨木）とか、怪樹林景区などが紹介されており、今日はそこを観光しようということになった。

ホテルの前の通りは繁華街で、各種の商店が並んでいた。車窓から見ると、通行人は信号待ちなどをせず無視して勝手に歩いている。街を歩く花柄のワンピースの娘さんもおばあさんも、頭をスカーフで覆い、水玉や縞模様のマスクをかけ、カラフルだがほとんど砂埃で汚れている。並木道も整備はされているが、街路樹はくすみ、家々はよけいくすんで見える。私達の車は、猛スピードで礫砂地に向かった。

風が強さを増してくると、空の色は明るくなった。最初に訪れたのは、胡楊林景区だ。胡楊は往時、建物の梁や柱、棺、家具、調度などに用いられ、シルクロードの人々の暮らしに密着していた大切な樹木である。

はるか祁連山脈《きれんさんみゃく》から流れ出るエチナ河の尽きるところに、胡楊林景区はあった。馬さんの説明では、この辺りは秋になると全ての樹林帯が紅葉に輝き、紅柳とともに極めつけの景観が見られるという。観光客のために造成中らしい駐車場に車を停め、私と王さんは車を降りた。

私は生来のものぐさ者で、旅の持ち物は必要最小限と決めているが、今回は少々荷物になると思いながらもEOS7Dというデジタルカメラを持参した。レンズが3本も入っているのでバッグがやけに重い。私はそれを抱えて、

胡楊林景区にあった神樹は、根の部分がせり上がり、大蛇がのたうっているように身をよじらせていた

神樹前の賽銭入れには、
なぜかモンゴル国の紙幣が貼ってあった。
しかし、ここは中華人民共和国の内蒙古自治区である。
この地の深層にも民族問題が存在するのだろうか

王さんの後をゼーゼー言いながらついて行った。

深い緑が鬱蒼《うっそう》と生い茂る胡楊林の中をくねくね曲がって10分も歩くと、彼の有名な『ご神樹』にたどり着いた。うーん、これはデッカイ！根の部分は私の背丈より高く地上にせり上がり、大蛇が何十匹とのたうっているように見える。その太い幹は、身をよじらせて天に昇る龍の如く荘厳だ。

ご神樹の前には円筒形の木籠で作られた賽銭《さいせん》箱があり、モンゴル国の紙幣が貼ってあった。私は王さんに尋ねた。「ここは内蒙古自治区なのに、なぜモンゴル国のお札があるの？」。すると王さんは、「ネット上で見たところ中国人のほかに韓国人も来ているらしいから、モンゴル人も来てるんじゃない？」と言う。私は心の奥底で、ここにも民族問題が存在するのではないかと思わなくはなかったが、彼が気を悪くするのではと思い、それ以上聞くのはやめた。

ご神樹の周囲は樹木が切り広げられ、ちょっとした空間になっている。その端からご神樹全体をカメラに収めようとしたが、高さも幅も大き過ぎてファインダーに収まらなかった。王さんは賽銭箱にお札を入れた。私のように神仏無縁な者でも、圧迫されるほどの巨大さと樹齢３０００年という長い歴史に、祈願というより畏敬《いけい》の念が湧いてきた。人の一生は、長くてもせいぜい１００年。地球上の同じ生命体として超絶的年輪への執念と、なおも生き続ける数千年もの歴史を検証していく。私の心の中に、ご神樹に対する観念のようなものが生まれた。私は王さんに倣《なら》って、恭《うやうや》しく10元(約１７０円)を賽銭入れにおさめた。

胡楊樹林景区の一角に造られた駐車場に大きなパオが3棟あった。
観光シーズンになると売店や管理棟として使用されるのだろうか。
私が訪れた6月はシーズンオフで、人っ子一人いなかった

怪樹林景区では、広大な胡楊樹林のほとんどが枯死していた。
黒水城陥落時に変えられた水脈のためか、14世紀頃に気候変動があったせいか?

怪樹林景区に行く

私達を乗せた車は、次の目的地目指して砂塵の中を走った。アスファルトの道路は、所どころ流砂によって覆《おお》われている。この辺りの砂は粒子が細かく、薄黄色のパウダーのようだ。そして、恐るべき空気の乾燥で体表の水分がどんどん蒸発する感じがした。王さんは、「頭が痛い」「鼻が痛い」と言っているうちに鼻血が出始めた。彼の鼻の粘膜は、砂漠の乾燥と砂埃にとても弱い。私はいつもの事だからすっかり慣れっこになり、気の毒には思うが「王さん頑張れ！」と励ますくらいしかアイデアがない。

『怪樹林景区』の看板が目に止まり、車はそこへ入った。細い道で、それ以上は車が通れない。私達は車を降りて歩き始めた。

人の気配の全くない砂漠の只中に、乾燥してひね曲がり、まるで白骨のように不気味な姿を晒した大木が密生していた。幹は張り裂けて肌を晒し、葉の一枚もつけず身をよじらせている。龍が老いさらばえて逆立ちしているような姿だ。その摩訶不思議な光景は、魔物の仕業か妖怪の棲家《すみか》か……。風が不気味な音を立てている。

王さんは頭からストールを被り、マスクで顔面を覆《おお》った姿で、私と共にその魔界に入った。「何か不気味で怖いねえ」と彼が言うので、「君のその異様な姿の方がよほど怖いよ。まるでアルカイダみたいだ！」と私はからかった。銃でもかついでいれば本当にテロリストの姿に見えた。

怪樹林には人の造った歴史の痕跡など微塵《みじん》もなく、自然がつくり出した過酷な時間だけが流れている。広大に立ち枯れた木々は、かつてこの地方にも祁連山脈の雪解け水に支えられた湖か川のような水脈があった事を物語っていた。往時は、その豊かな水からもたらされた胡楊の生い茂るオアシスだったのだろう。人々は灼熱の太陽の日射しの中、胡楊の葉陰でその身を休ませたに違いない。しかし、気候変動などの環境の変化によって、ある時から湖は干し上がり、胡楊林に供給された水も枯渇して木々は枯れ、乾燥と風によってこのような姿になってしまったのだ。

近年はこの朽ち果てた自然の景観を売りにして、秋になると観光客が多くやって来るのだと、運転手の馬さんが話していた。私と王さんは、おどろおどろしい異形の姿が立ち並ぶ生き物の影さえない無人の魔界を、しばらくの間、彷徨《さまよ》った。

立ち枯れた木々は不気味な姿を晒して、
魔界のような独特の雰囲気を醸し出していた

写真を撮るために覆面をはずした王さん

瞑走余話 ❷

あやしい店で

私と王さんは、夜の街へ繰り出す。腹ごしらえに食堂探しにうろついて中華料理店や薄汚れた酒家《チューチャ》やイスラム食堂などをのぞき見し、結局、麺食堂に入る。ラーメンを頼むと、日本のものとは大違い。そうめんに、豚肉と野菜を煮込んだ具をトッピングした丼で、適当に旨くて安い。ビール大瓶1本を含めて2人で80元（約1360円）だった。

腹ごしらえをしたところで、もっと面白いところを探そうと嗅覚を利かせて歩き出した。こういう時の王さんの足は、駝鳥《ダチョウ》のように速い。

大通りに出て街の中心に近づくにつれ、街灯と看板のネオンで眩《まばゆ》いばかりに明るくなったが、店のほとんどは閉まっていた。もう夜の10時を過ぎている。人影のない路地裏の、とある酒場に入った。

ドアを開けて中へ入ると、カウンターの向こう側に若い女性が2人いたが、客は私達だけのようだ。1人はブラウスの胸を少しはだけたオッパイの大きな女で、なかなかどうして美人だ。王さんはさっそく「貴女の瞳は澄んだ空に瞬《またた》く星のようだ」「貴方は花園の中でひときわ美しく咲く赤い薔薇のようだ」とかなんとか言っている。私だってそんなことぐらい言ってみたいが、残念ながらあまり喋れない。もう一方の女もエキゾチックな美人で、少し大柄だが私の好みに合っている。筆談などして楽しもうと思ったが、王さんの話がよほど面白いとみえて、彼女も私のことなんぞそっちのけである。

私はヤケになってビールをがぶがぶ飲み、ちらちらと横目で3人の様子を窺《うかが》っていた。すると、そのうちにオッパイの大きな女が俄然積極的になり、カウンターからツカツカと出てきて王さんの横に張りつくように座って、彼の頬にキッスをしたり、手などを握り始めるではないか。どうやら店の奥に個室があるらしく、そこへ誘うために怪しげな手立てを講じているようだ。

王さんは急に展開が変わってきたことに狼狽し、タスケテクレーなどと悲鳴を上げ始めた。私は思わず笑ってしまい、この憎たらしい相棒に「バカだなあ、お前。いい気味だ。自業自得だろー!」と、初めのうちは意地悪くほくそえんでいたが、よく考えると我々はその女が望むようなことを当然考えていなかったし、お金も大して持ってきていない。王さんが横に張りつかれてキッスされただけでも高そうなのに……。私のがぶ飲み代と帰りのタクシー代が頭に浮かんだ途端、酔いがいっぺんに醒めた。王さんも自分たちの懐具合はわかっている。彼が女の巻きついた腕を解《ほど》いて「そろそろ帰るから勘定!」と言うと、「350元（約5950円）」という返事が返ってきた。なんと!個室代も含まれているではないか。

憤怒《ふんぬ》の形相でメラメラと燃え盛った王さんは、しばらく言い争った挙句、50元（約850円）を投げ渡した。女は沈黙し、ひと言何やら呟いた。私が「何て言ったの?」と王さんに聞くと、「ケチ」と答えた。

「幻想のカラホト（黒水城）」

東へ西へと往く旅人達は、砂漠の中のオアシスを、点々と辿《たど》って行った。

私達も嘉峪関《かよくかん》から酒泉、エチナを通り、そしてカラホト（黒水城）へ向かっている。その昔、旅人がひとたびオアシスを離れると、そこには不毛の大地だけが拡がり、人の営みを拒み続けたという。私は今その道を、車を駆って走っている。

エンジンの響きの中に風の音がざわつき、車の窓枠の鉄製部分は熱くて触るとヤケドしそうだ。至るところにカゲロウがたっている。もう40度を越えているに違いない。カラホトは居延城よりも南に位置している。ここもエチナ河水系が幾筋にも分かれる、東側の湖の近くにあったのではないだろうか。

１０３８年、チベット系タングート族の李元昊《りげんこう》が、興慶府《こうけいふ》（現銀川市）に西夏王国を樹立した。そして王国が勢力を西に広げ、河西回廊の敦煌、興慶府の直線上の中間点に、城塞で巡《めぐ》らした行政と軍事を兼ねたカラホト（黒水城）を置いた。１２２７年まで２００年近く続いた西夏王国も、チンギスハン軍のたび重なる攻撃で滅亡してしまう。

カラホトは交易上の要衝だったため破壊を免れ、モンゴルの統治のもと引き続き２００年以上も繁栄を続けたといわれたが、ある伝説を遺《のこ》して、忽然《こつぜん》と砂漠の中に消えてしまう。私はそれに大変興味を感じ、カラホト滅亡の伝説を知っている人はいないか、金塔県の宿の主人趙さんに訊いたところ、当地の郷土史家の李さんという老人を紹介された。

彼の語った伝説を要約すると、「カラホトの主はチャニ・バトルというモンゴルの将軍で、怪力の持主、その上勇者だったので、モンゴルの皇帝は彼を大変愛し、自分の末

カラホトは長い間、風雪に耐え、砂漠の只中に静かに横たわっていた

6月5日午後3時、カラホト到着。城壁左側に仏塔が見える

カラホトに通じる新しくできた道。風と砂埃がひどく、
王さんはアルカイダみたいに布で顔を覆っていた

娘をバトル（黒将軍）に嫁《か》した。カラホトは交易でますます富み栄え、強力になっていく。

やがて黒将軍と呼ばれたバトルは自分が皇帝になろうと考えるようになり、その考えは妻（皇帝の娘）に知られる事になった。妻はその事を皇帝に密告する。皇帝は激怒し、数万の大軍でカラホト城を包囲するが、バトルの不敗の軍隊と堅固なカラホト城は落城しない。城内に通じる水路を切ったが、城外の水は涸《か》れても城内の井戸の水は涸れない。そこで皇帝がシャーマン（巫術師）を呼んで尋ねると、『エチナ河の上流を堰《せ》き止めよ！』と言った。皇帝は、さらに1万の軍隊を投入してエチナ河を止めた。

数日後、城内の井戸から水は消え、やがて羊や牛馬は死に瀕《ひん》し、植物は枯れて人々は渇きに苦しんだ。バトルは城内に100本もの井戸を必死に掘ったが、水は出な

かった。

　バトルは絶望の果て、最期の近い事を知る。そして2人の妻と息子と娘を、敵の辱めを受けぬよう自らの手で殺して井戸に投げ入れた。財宝の事ごとくも井戸に投げ込み、呪いの言葉を吐きながら北側の城門を開け、そこから逃げて行った」と言う。

　それ以来、呪われた無人のカラホトは砂漠の中に埋もれてその存在さえ忘れられたが、1907〜1909年にロシア人探検家ピヨートル・クズミッチ・コズロフによって発見された。コズロフは、土地の人々から悪霊が住む呪われた廃墟と恐れられた城の話を知り、それに惹かれて探検を始めたのだという。

　この哀しい物語は、土地の人々によって詠《うた》い語り継がれていたのである。

　6月5日午後3時、カラホト（黒水城）に到着。初めてカラホト

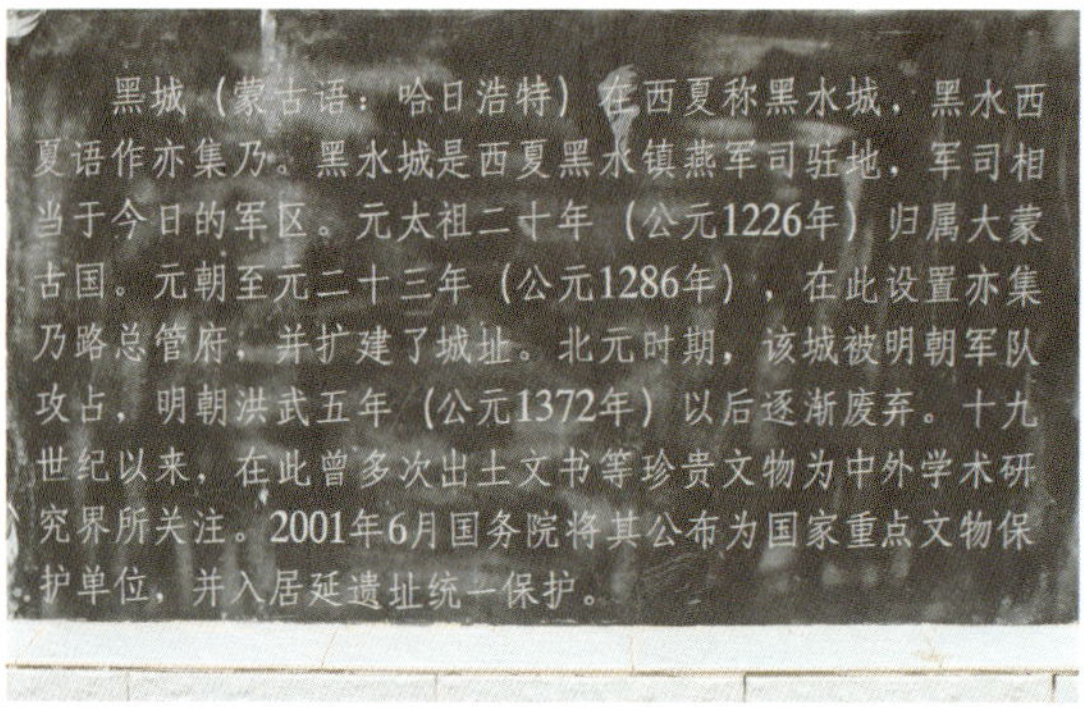

石碑に刻まれたカラホト（黒水城）のあらまし

青いチベット柄に包まれたパオがあった。
管理人の住居か？ だが、誰もいない

高さ10mもの城壁が、砂に埋もれ赤茶けた姿で横たわっていた

瞑走余話 ❸

猫より大きい鼠の話

ある中国人から、真顔で『猫より大きな鼠がいる』という話を聞いた。その鼠が猫を食うので、中国では猫が極端に少ないという。日本とはまるで逆さまで、それでは中国の猫がほとほと気の毒だ。「ホントの話？　鼠の猛獣じゃねーかよ。ならば、ライオンか虎でも用心棒に飼っとかなければ」と冗談で言ったものだが、私はこんな突拍子もないインチキ話が大好きである。

ある日、江蘇省の淮陰《ほわいいん》の街角の歩道で変な物売りを見た。路上に古新聞を広げ、その上に数十匹の大小の鼠の死骸を並べてある。「あれ何やってんの？」と王さんに聞くと、「鼠を殺す薬を売ってる」と言う。たくさんの鼠の死骸なんて気色が悪いと思ったが近寄ってみると、何とはなしに臭気が漂っている。ドブネズミやら、家ネズミやら、ナントカネズミといった、いろんな鼠の死骸のサンプルだ。

ところが、なんと驚愕！　その中に、犬ほどもあるデカイ鼠の死骸が一匹横たわっている。犬か狸ではないかと、まじまじと見たがやはり鼠だ。先に聞いた中国人の話をホラ話と思っていた私は、現実にその姿を見て、猛獣鼠の話に半ば得心した。

でも、さすがに猫までは食わないだろうに…？

城郭の西北部に残るスブルガン（チベット式仏塔）

黒水城の内部も砂だらけだった

の姿を見た。それは、「アッ！」と声をあげたくなるほど、壮観の一語に尽きる。長い風雪に耐え、赤茶けた姿で砂漠の只中に静かに横たわっていた。

城壁の左側の端に、カラホト（黒水城）のシンボルであり、魂でもあるチベット式仏塔《スブルガン》が、ひときわ幻想的に神々と聳《そび》えている。これを仰ぎ見た時、ようやくはるかなカラホト（黒水城）へ来たなあーという感動が、心の底から込み上げてきた。

城に通じる道沿いに、青いチベット柄に包まれた古めかしいパオ（移動式住居）がポツンと、南京錠を掛けて置かれていた。城の管理人の住居なのだろうか、でも誰もいない。

城までは、まだ500m以上はあろうか。王さんは大分興奮している。私のペースでは待ち切れないのか「じゃ～お先に！」と言って駆け出して行った。彼は私と同じように、イヤ！私以上に遺跡好きで、私のシルクロードの旅はいつも、彼のサポートなしでは成し得ない。感謝感謝の極みだ。

風が強さを増してきた。王さんの姿が、砂埃で時々かき消される。私は肩にかけたバッグが重すぎるのでカメラと水入りボトルだけを取り出し、バッグをその場に置いてセカセカと歩いて行った。

西側の城門に辿り着いたが、近くでそびえる城壁の高さに驚く。多分10mはあるだろう。城門はアーチ形で、そこをくぐると、すぐ突き当りを左に誘導される。日

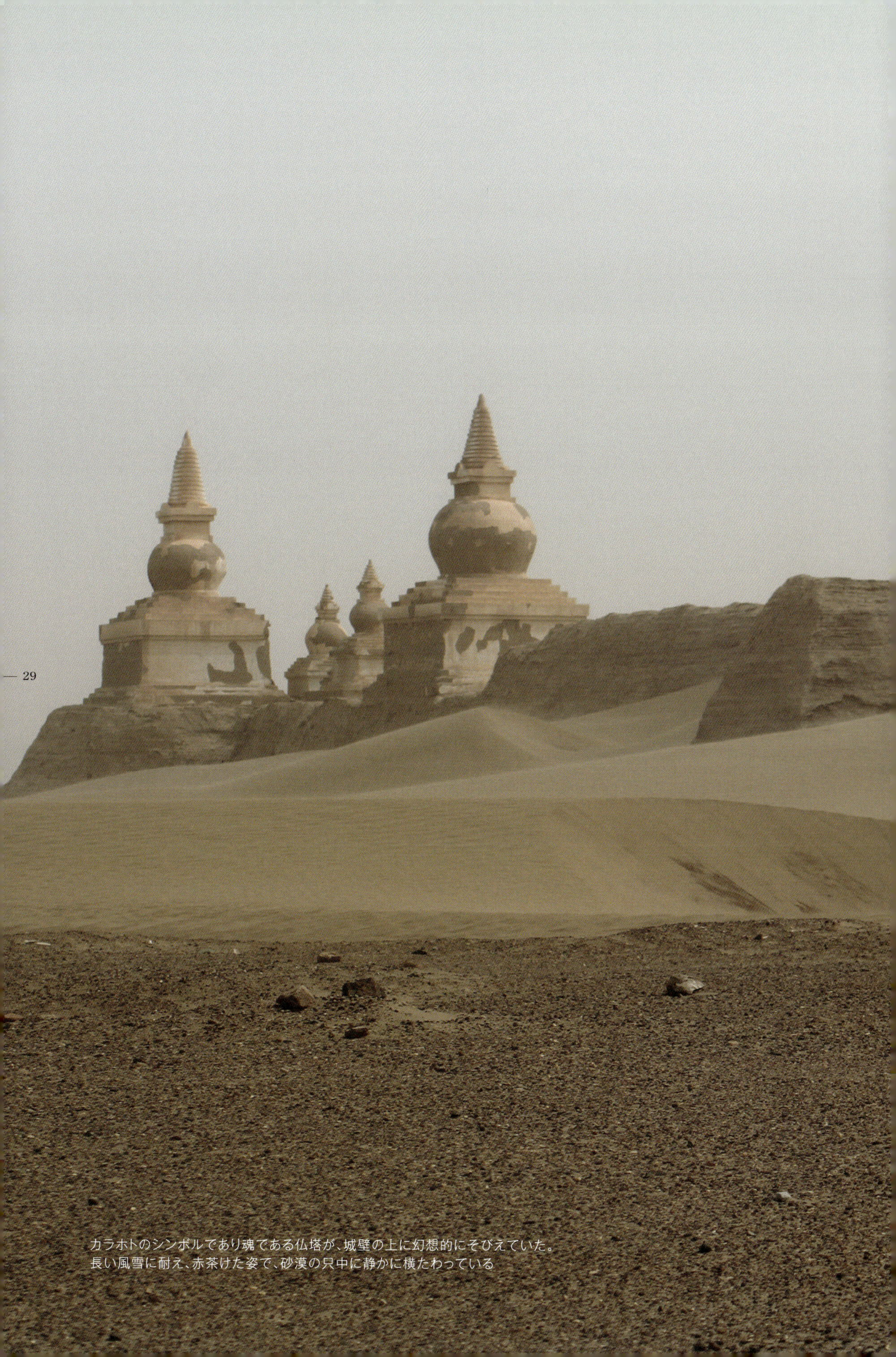

カラホトのシンボルであり魂である仏塔が、城壁の上に幻想的にそびえていた。
長い風雪に耐え、赤茶けた姿で、砂漠の只中に静かに横たわっている

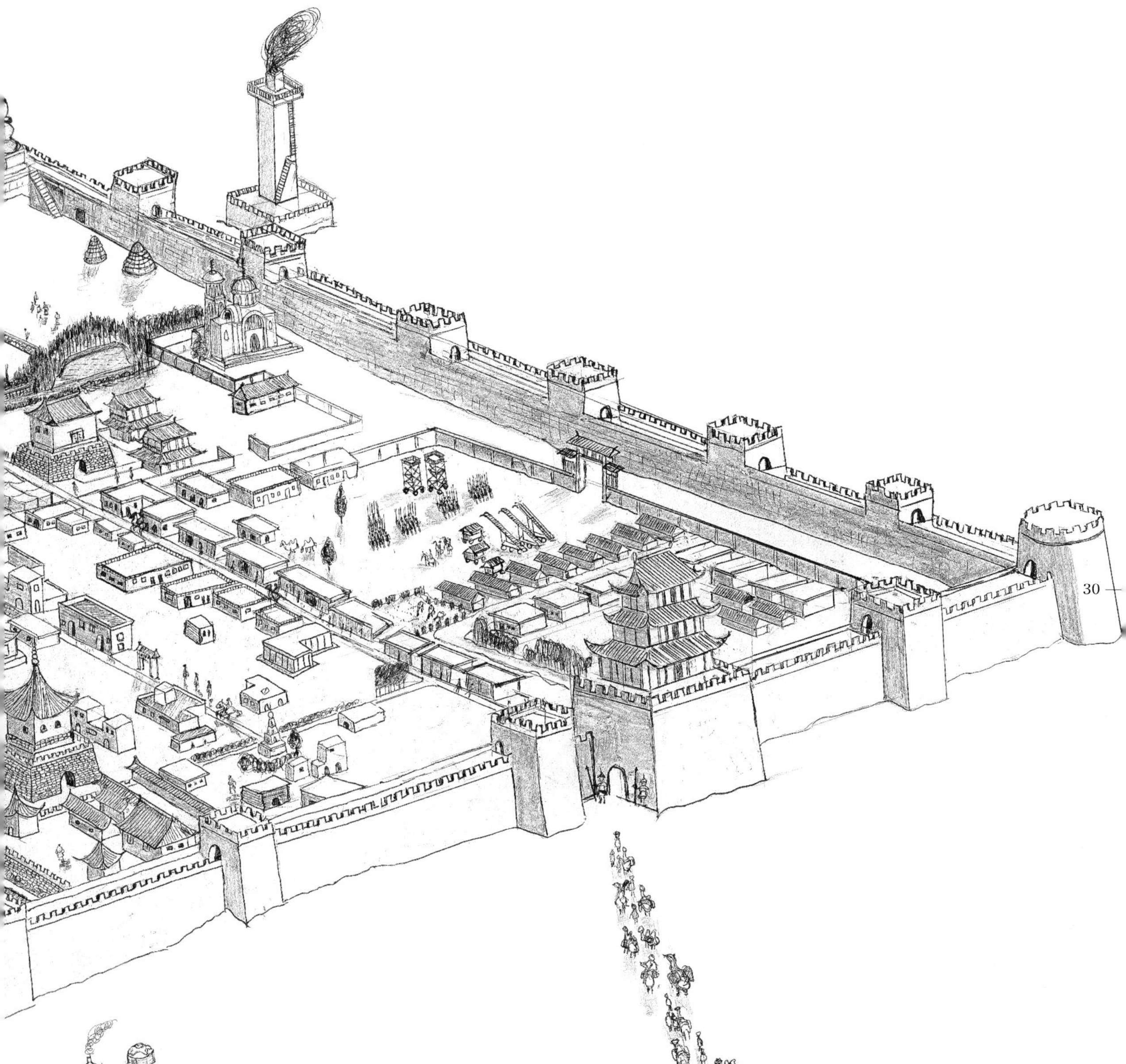

30

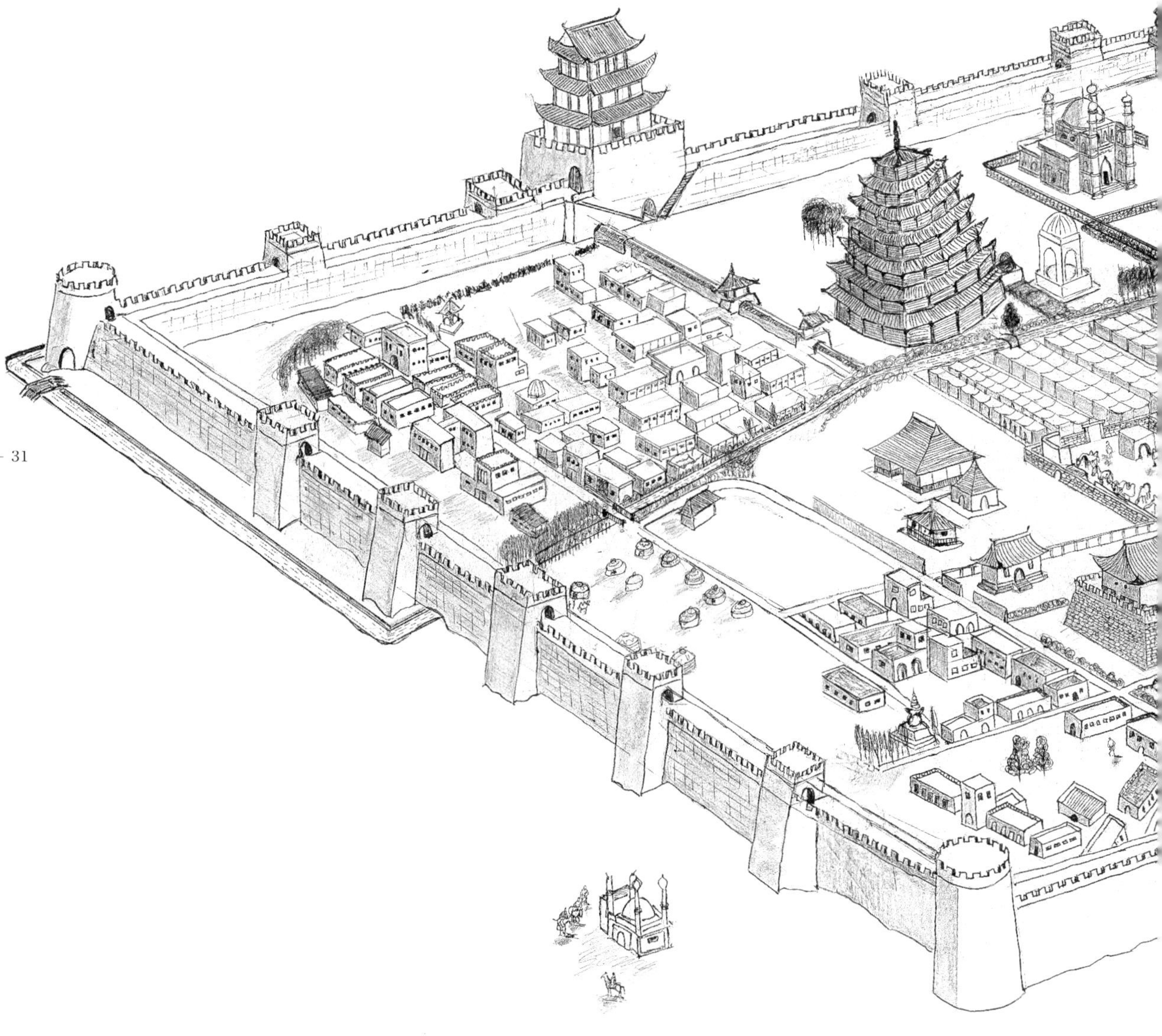

スタインの調査時の平面図が情報学院研究所の資料に載っていたので、その建築物基礎をもとに、往時の城内の想像図を描いてみた。モンゴル時代は宗教には寛容で、キリスト教やイスラム教も混在していたといわれている。そこで、城内には宗教施設と行政、軍事施設を配し、中央はスーク（バザール）を置いた。一般人は城外に暮らしていたようである

今では剥げ落ちた仏頭の壁面も往時は燦然と輝き、旅人を吸い寄せていたに違いない

本の城郭でいう枡形門だ。敵の侵入の勢いを止める構造になっている。資料によれば、城は東西440m、南北370m、方形でやや東西が長いと書かれている。

　私は西側の城壁の上に立ち、城内を見渡した。東側にも門があり、そのアーチの外側には砂漠が広がっている。城内には無数に建物跡の礎石が残り、中央には宮殿跡らしいものもある。王さんが仏塔の立つ城壁上に姿があったので私もそこに向かったが、塔の傍《かたわら》で風に吹き飛ばされそうになった。私が恐れおののき一段降りて風を避け、王さんに「風が強くて危ない気をつけて！」と叫ぶと、彼は塔にへばりつくようにしながら「大丈夫！」と言って写真を撮り続けていた。城壁上から眺望する周囲は地平線まで砂に煙っていたが、南側はるかに薄黒く山が続いているのが見えた。

　城壁を降りて城内を歩いた。あちこちにおびただしい瓦や陶器の破片、木片、石臼の欠片《かけら》が、瓦礫《がれき》のように散乱しているのに驚く。その昔あった確かな惨劇を物語っている。落城の時、王バトルによって財宝が投げ込まれたと伝えられる、井戸かも知れない窪んだところも本当にあった。

　私と王さんは宮殿や役所、寺院とか商人宿街、バザールなどを好き勝手に想像し「ココだ、いやアソコだ！」と砂の堆積した城内を散々歩いて、城門の外に出た。すると、丸型屋根のイスラム寺院が城の外れにあった。イスラム教徒の旅人のためのものには違いないが、なぜ城外にあるのか。非常に謎を感じたが、往時は城外にも人が大勢住んでいたのかも知れない。

　城の西北部の10mもある城壁が、頂上部まで砂に埋もれていた。私はもう3時間も歩き回り、よぼよぼしている。城の周りの遺跡も見たかったが、暑さと強い風に体力を奪われ、少なからずヘトヘトだ。これ以上歩くのは限界とその場に座り込んで黒水城を見上げると、城壁の上を大量の砂が煙を上げて疾《はし》っていった。蒂《へた》を突き立てたような丸茄子型の仏

遺構跡か？

城内の遺構と散らばる石片

仏塔（スブルガン）上で

城壁上から眺めた西側の風景

塔は、塗料がまだらに剥がれているが、往時は金色燦然《さんぜん》と彩《いろど》られ、旅行者ははるか遠方から輝く仏塔に吸い寄せられるように城門をくぐったに違いない。

私も、この仏塔に出会うためにやってきた。眼前の口の開いた城門を眺めながら、西域に向かう、またはやって来る旅人を想像する。

鈴を鳴らした駱駝《らくだ》や馬を引いた商人達、旅人の賑わいは、顔立ちも言葉も服装も異なる人達だったのだろう。バーで葡萄酒を飲み、宴が催され、トルコ系やペルシャ系の美女が胡姫服《こきふく》にブーツを履き、胡旋舞《こせんぶ》を舞っている。灼熱や酷寒の中で、オアシスを辿《たど》って来た旅人にとって、歓楽と官能の時を必要としたに違いない。

とりとめもなく過ぎ去ったものへの空想にふけっていると、王さんが陶器の破片や木片等を抱えて戻ってきた。彼の親類に先生がいるので、教材用に持って帰るという。私も持ち帰れるものなら拾いたいと思ったが、空港の手荷物検査が頭をよぎったのでやめた。

私は、王さんに「ヘタバッタよ」と話しかける。彼の返事が「おじいちゃんコーラ・ホット取って！」と聞こえたのでコーラの缶を渡すと、「何それ！カラホト撮ってよ」と言われた。聞き間違えた私は彼の発音を少し意地悪になじったが、あまりの暑さで飲料水もコーラもみな、本当にホットになってしまう。空いたペットボトルを砂の上に置いておくと、たちまち瓜の漬物のように皺々《しわしわ》だ。

カラホトをバックに写真を撮ると、彼もその場に座り込んだ。そして、カラホトの最期がいかなるものであったかを語りあった。私がインターネット上で知り得た情報をもとに、「14世紀後半に気候変動でエチナ河が枯渇《こかつ》したけど、当時の土壌を調査すると『放射性炭素……』でこの一帯の植物が枯死したという学説もあるようだよ」と言うと、王さんは「イヤ！カラホトに限れば、無数に散らばる陶器、石臼、瓦の欠片は砕いて、敵兵に投げつけたからですヨ」と答える。うん、私もそう思った。全て

内蒙古自治区エチナ旗の中心、エチナの町から東南約40kmのところに、カラホト（黒水城）はあった。カラホトと聞くと、私は非常にロマンを感じる。それは、ロシア人の探検家コズロフによって発見されるまで600年近くも砂の中に埋もれていたため、実態がよくわからず資料も少ないという事が、より神秘的なイメージを醸し出しているからであろう。もともとカラホトは西夏時代に城塞都市として築かれたが、1226年にチンギスハンによって西夏国が滅亡。以後、1287年にフビライハンによって亦集乃（エチナ）城となり、東西450m、南北370mに拡大された。だが、1372年、明軍によって崩壊し、以来600年の間、砂に埋もれたといわれている。 城の近辺には、不毛の大地が広がっていた。

靴に砂が入った王さん、顔は乾燥を避けるため覆っている

何の遺構か？風が強く飛ばされそう

城外に残るイスラム寺院。
城外に一般住民の居住地があったのかも

の破片は自然に壊れたとは思えない、人工的に割られた、投げる武器だったのだ。

14世紀頃、河西回廊をめぐって、明とモンゴルが激しい攻防を繰り返していた。そのどちらかに滅ぼされたのか。私達のような歴史家でもないただの旅行者は、それ以上何の知識も持ち得ていなかった。

チャニ・バトルの伝説に思いを馳せ、立ち去り難い思いで、私達はカラホトを後にした。

感傷の居延沢

私が今回、旅の資料として持参した『エチナ河流域の国境監視所分布図』には、祁連山脈から流れ出る水はエチナ河となり、北へ200kmほどのところから二手に分かれる。東側に流れるほうはムリン河、西側はナリイン河。そのナリイン河の尽きるところにソゴ・ヌル湖があり、そこから東へ50kmほど行くと広大な居延沢にたどり着く。さらに、ソゴ・ヌル湖と居延沢の間にある、漢代の殄北塞《てんほくさい》、甲渠塞《こうきょさい》、三十井塞《さんじつせんさい》を三辺とする三角形のエリアを橋頭堡《きょうとうほ》(拠点)とし、その中心に居延都尉府(居延城付近)が置かれたと記されている。

古代中国が最も手を焼いたのは、モンゴル高原の遊牧騎馬民族「匈奴」である。紀元前4世紀末より3世紀にかけての約500年の間、匈奴は頻繁に南下しては漢民族の地を侵した。その防衛上から万里の長城が築かれたといわれるが、私達が訪れるはずだった居延城も、漢の武帝の時代にチベット系の美《きょう》族と匈奴との連携を分断する狙いで設けられた最前線基地だ。今回の旅の目的は、その居延城の城壁に立つことであったが、モンゴル老人の忠告で断念することになった。ならばせめて居延沢だけでも見ておこうと、私達はそこへ向かった。

葦の生い茂る向こう側に、海と名がつく湖・居延沢が水を満々と湛えて広がっていた

町から2時間ほど荒野を走って居延沢に着いた。『居延海景区』と看板が立っている。海と名がつく立派な湖だが、季節外れのためか全く人影はない。秋になると胡楊林景区へ紅葉見物に来る観光客がここにもやってきて、観光スポットとして賑わうのだろうか。砂漠の奥にひっそりと静まりかえる、その湖岸に私達は立った。

鉄製の桟橋が湖に突き出ていた。そこはエチナ河の流れ込む河口で、葦《あし》が生い茂り、その向こうに水を満々と湛《たた》えた居延沢が静寂の中に広がっている。写真の説明では風光明媚な湖と書かれていたが、湖岸の周囲には水草のようなものしか生えておらず、何の変哲もない光景だ。なんとなく時間を持て余していると背後に何かの気配を感じ、振り返る。そばの砂丘に野生のラクダが2頭、わずかに生える駱駝《らくだ》草を食《は》んでいた。背中のコブは皺だらけでペチャンコ、体毛は禿《は》げてボロボロだ。この水場を生息地にしているのだろう。

「湖には広大な水面《みなも》が広がっているのに、鳥1羽、蚊の1匹いないね」と私が呟くと、「暑すぎてどこかに隠れているんじゃ……」と王さん。さらに私が、「昆虫すら許されない環境じゃ、それを餌にする鳥もいないのかな」と言うと、王さんが突然「鳥だ!」と叫んで指さした。その方向に目をやると、1羽の鳥がまるで未知なる訪問者を待っていたかのように、水面を滑るように泳ぎながら私達をジッと見つめている。

たった1羽の水鳥に出会っただけで私は実に情緒的になり、この何の変哲もない退屈な湖が、実は豊かな生命を育むオアシスなのかもしれないと思えてきた。私はしばらくの間、遥かなる居延沢に立っていることに多少の感慨をもって湖を眺めていたが、水鳥は水中に潜るでもなく数m範囲を漂っていた。王さんが「もうそろそろ出発しよう」と言った。私はこの名も知らない水鳥のもとを離れ難く、心がいたく感傷的になった。

何の変哲もない退屈な湖だと思っていたら、たった一羽の水鳥が私達を待っていたかのように現れ、
水面を泳ぐでもなく私達をじっと見つめていた

湖の近くに2頭のラクダが草を食んでいた。野生のラクダだろうか。背中のコブはぺっちゃんこだ

中ソ冷戦時代、林彪の命でモンゴル人民共和国との国境線沿いにおびただしい数の戦車を隠す構造物が造られたという。
今でこそ両国家間は友好関係にあるように見えるが、中国人の深層心理には、旧ソ連に多くの領土を奪われたとの思いがある

北辺の現代の万里の長城

居延沢から町へ戻る砂漠の中に、たびたび出現する上部が平らな墳丘。遺跡とは明らかに異なる土の構造物だ。「あれはなんじゃ……?」と王さんに聞くと、「戦車を隠してあったんですヨ」という答えが返ってきた。さらに続けて、「中ソ国境紛争時には、当時ソ連側だったモンゴル人民共和国との国境線沿いに、おびただしい軍事施設が設けられたんです」と言う。そういえば、これらの戦車壕の向こうに広がる砂漠はモンゴル国だ。私達の車は、今は何の標識もない国境線に沿って走っている。

私は10年ほど前、内蒙古自治区赤峰市に行った時、大根畑のど真ん中に人工的に造られたバカデカイ山があったのを思い出した。周囲は鉄条網で張り巡らされて、兵隊が厳重に警戒していた。その時も王さんは、その山は巨大な建物が土で覆われたもので、内部には核兵器が隠されているのだと言った。

何千kmかはわからないが、中ソの国境にはまさに現代の万里の長城が存在する。王さんは憎しみを込めて語る。「ロシア人には領土の多くを盗み取られた。中国人の誰もが、それを忘れた事はない」と。

中国最後の清帝国は、シベリア、モンゴル高原、カザフ、パミール高原と、広大強力な版図を誇った。しかし清朝末期、帝国の衰退にともない、ロシアによって清の領土は大幅に奪われた。その恨みは、王さんのようなリベラルな人でも、はばかる事もなく口をついて出る。

内蒙古という平和な遊牧民の土地も、その地理的条件が「中ソ」国境の狭間であり、彼らの意思とは関係なく紛争に引き込まれてきた事を、あらためて思わずにいられなかった。

瞑走余話 ❹

女のマッサージ師

瞑旅の途中、疲れ果てた私は、ホテルのフロントに頼んでマッサージ師を呼んだ。やって来たのは齢のころ40歳前くらいの女で、正直好みのタイプではない。『1時間150元、1時間半で200元』と、女は律儀そうに紙に書いた。私が1時間半を頼むと、女は洗面所で手を洗ってくるなり、私に裸になれという。

「おい、待て。私はマッサージしてほしいんだ!」と私は指で揉む真似をして伝えたが、女はわかっていると頷いて、「脱げ脱げ」と手真似するばかりだ。いつも通訳をしてくれる相棒の王華崗くんがこの場にいたら神様仏様と思えただろう。私は中国語がうまく話せない。わけもわからず断れない雰囲気の中で上半身裸になると、女は下も脱げとベルトを指して言う。ああ、人のいい私はどうしてそれを断れようか!この清らかでみずみずしい裸体を見ず知らずの女にどうして見せねばならないのか……とは思いながら、も、言われるがままに裸になってベッドにうつ伏せなると、女は何やらヌルヌルした油脂のようなものを首筋から背中そして腰の方へ順に塗っていった。

私は少し好奇心もあったので、くすぐったさを我慢し、何をされるのか窺っていた。女は指を滑らせるようにマッサージを始めた。私が「なるほど、こんな揉み方もあるのか」と得心し、されるがままにしていると、女は盛んにペラペラ何やら喋り始めた。私は意味が分らないので、ただ「うんうん」と頷くだけだ。

ツルツルしたマッサージも存外いいもんだと悦にいっていると、しばらくして揉む指の動きが変なかんじになってきた。柔らかく撫で摩るように皮膚に指を滑らせるので、妙な心地よさが脳裏に伝わる。しかし、有体に言って、その気になるには私は齢を取りすぎている。

やがて女が「仰向けになれ」と言うので、私は少しギョッとした。しかし、これもどうして断れようか。言われた通り上向きに寝ると、胸などを擦りながら女の顔が大写しに距離を狭められ、おしろいの上に真っ赤な口紅を塗りたくったデカイ唇が私の顔に被さってきた。うひゃー!ヤメテクレ。私は見栄も外聞も忘れて飛び起きた。そして傍らにあった紙片に「我老人既〇〇〇不要」と書いて彼女に渡すと、女は憮然とした表情になり「ホーラ、……チチブブンカカンカン!」とか言って私の背中をパンパンと叩き、さっさとマッサージをやめてしまった。

とっさに「私の中国語文が通じた」と喜んだのもつかの間、女は傍らの台の上のメモ用紙に『200元』と書いた。「オイ、まだ40分しか経ってないじゃないか」と心の中で抗議する。もちろん納得したわけではなかったが、交渉下手で気弱な私は「ブス!」と小さく呟いて、女に200元を渡した。

遺跡を探しながら酒泉へ戻る途中、少し大きめの故城が砂に埋もれかけていた。多分、大方城（侯官居城跡）か？

エチナ河沿いの故城を訪ねて

居延沢から酒泉までのエチナ河沿いには、漢代の烽火《のろし》台（緊急時の通信施設）200カ所、候官（障ともいい騎馬隊などが詰めている城）18城、都尉《とい》府（軍事長官の居城）3城があると資料に示されている。まさに遺跡の宝庫だ。

嘉峪関を出発して6日目、遺跡を探索しながら酒泉に戻るため、朝9時に宿をチェックアウトした。エチナの町に別れを告げ、私達は南に向かった。空は青く晴れ、日が高くなるにつれて眩《まばゆ》い光が降り注ぎ、風もなく快適なドライブ日和である。

繁華街を過ぎて町を抜けると、新しいビルが建ち並ぶ新開地に入った。そこには公共交通の発券所があり、敷地の一角にフェンスに囲まれた高さ2mほどの、元の形はすでに失われている烽火台跡があった。その土饅頭《まんじゅう》形の傍ら

エチナの町はずれにある新開地の一角に、大きな土の塊があった。石碑でもなければ、これが烽火台とは思えない

には『全国重点文物保存単位』と書かれた碑が建てられているが、何の変哲もない土の塊《かたまり》だ。説明の碑がなかったら、誰もそれが烽火台とは思わないだろう。私は数枚の写真を撮った後、次の目的地へ向かった。

エチナから車で1時間ほど走ると、右側に少し大きめの故城が目に入った。小石を敷き詰めたような砂礫地を進み、その故城に着いた。大方城（候官居城）と思われる。半ば崩れていたが、南北に100mほどの土と藁で突き固めた薄い版築の壁が巡り、やや長方形をしている。内部には壁で区切られた部屋跡も認められた。兵隊の宿舎かも？

東側一角には分厚い壁の小城があり、候官の執務室・住居だったと思われる。この城全体は障と呼ばれ、かつては騎馬隊が詰めて周辺の烽火台を統括する城だった。

私は、エチナ河沿いに置かれた多くの軍事施設や、配置されたおびただしい兵士に思いを馳せずにはいられなかった。辺境防衛のため中国各地から集められ、数千kmもの道程を歩いてこの地にやって来た兵士達は、冬の酷寒、夏の酷暑に耐えながら、烽火台や長城で見張りについていたのだろう。

少し感傷的になっている私は、王さんに尋ねた。「この辺りから、ある兵士が妻にあてた木簡（手紙）が出土したっていう話、知ってる？」。王さんは「もちろん知っている」と言って話し始めた。

「現在、木簡は蘭洲の博物館に展示されている。その木簡を出した兵士は、匈奴侵入に備えてエチナ地区の防衛任務についていたが、ある日、エチナ河畔で玉石（宝石）を拾う。その美しい玉石を故郷で彼を待つ妻に送りたいと思い、手紙である木簡を添えた。『愛しい人。淋しい時はこの玉石を私と思い、私の帰りを待っていて下さい』。しかし、玉石は妻には届く事はなかった。兵士は間もなく匈奴との戦いで死んでしまう。玉石と木簡はエチナの砂に埋も

兵隊の宿舎だったのか、薄い壁で仕切られていた。ここは騎馬隊が詰めて、周辺の烽火台を統括する城だったと思われる

れ、発見されるまで2000年の時を経なければならなかった」

さらに王さんは、別の話を続けた。

「祁連山脈の山間は、匈奴の平和な遊牧地だった。しかしある日、漢の軍隊が匈奴の村を次々と急襲する。匈奴の民は多くの死者を出し、祁連山脈の地を追われた。『私の土地はもうない。馬も羊も奪われ、妻は悲しみで心が狂い、顔が変わってしまった。私はどう生きて行けばいいのか……』」

匈奴には文字が無かったので詩歌として歌い継がれたというが、匈奴の民の悲哀が心に沁みる。話は、まだ続く。

「匈奴との戦争で大戦功を立てた将軍霍去病は、傲慢になって高位の人を殺し、武帝の怒りを買った。漢の法律では斬罪だが、匈奴討伐の功により死は免れ、山西省に追放されてしまう。去病は慙愧《ざんき》と悲しみで心を患い、酒に溺れ、わずか24歳の若さで病死する」

王さんの話はようやく終わった。河西回廊の地は、祁連山脈の水が土地を潤し、古来遊牧民にとって豊かな放牧地であったが、一方漢民族にとっても作物の収穫量の多い耕作地に適していた。それゆえに双方ライバルとして領土を争奪し合っていたのだ。

故城に残る崩れた兵舎は静まり返っていた。人間のやってきた事の虚しさを、心に感じずにはいられなかった。

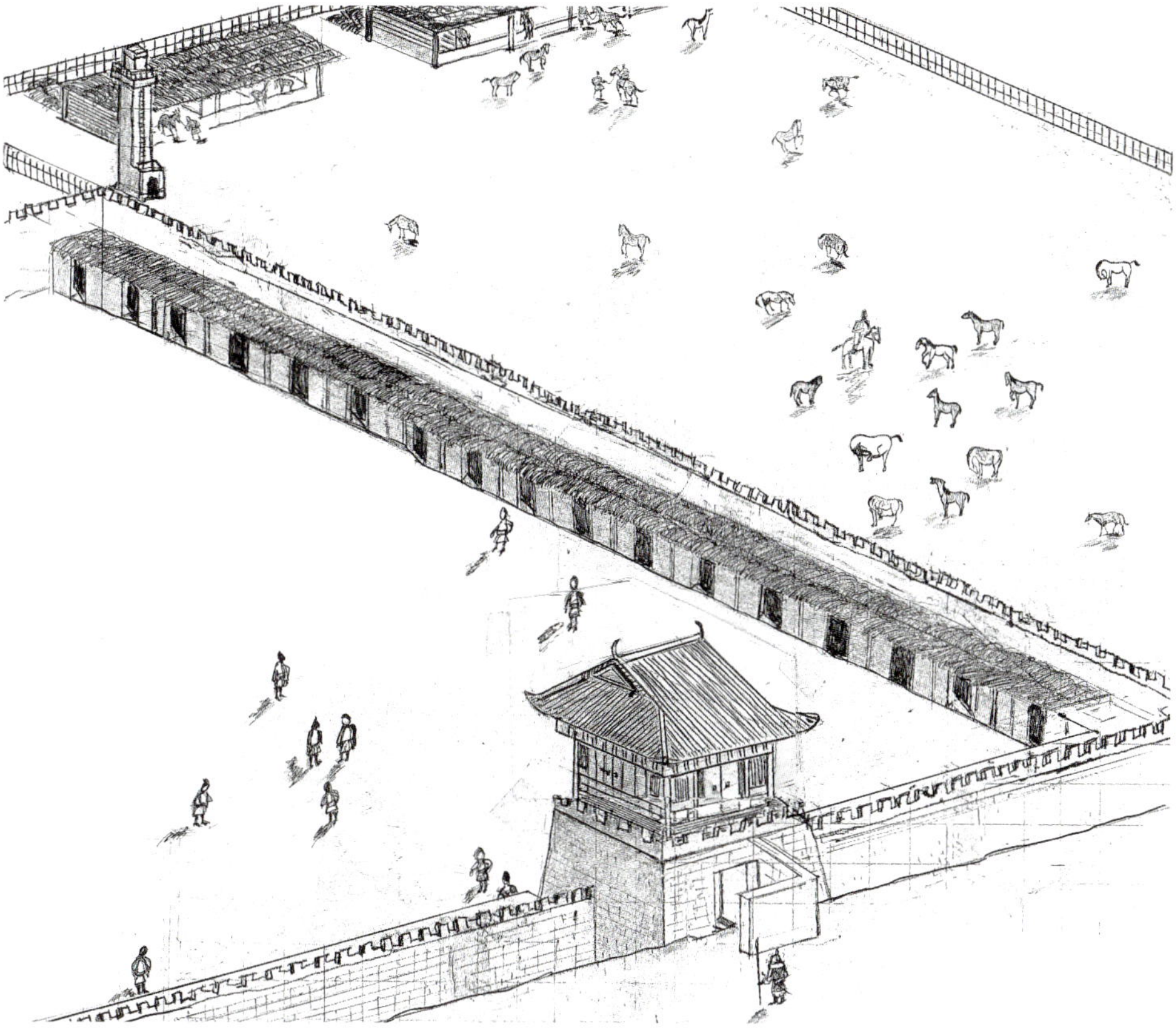

兵舎跡。ここにも騎馬隊が常駐していたのだろう

地湾城故址

砂漠の真ん中を貫く舗装された軍用道路を、車は酒泉に向けて南下していた。酒泉衛星発射センターを通過する際、「今度こそ公安警察に捕まるかも知れない」と漫然と考えていると、右側遠方に台形のガッシリとした故城が目に入った。

「馬さん、あそこに行ける?」

「うん……、大丈夫」とやりとりをしながら舗装道路を外れ、そろばん玉のような小石を敷き詰めた砂礫地に入っていく。激しい振動が続いた後、目的地に到着。そして、故城の前に立った。

『地湾城故址』と書かれた立派な石碑が建てられていが、何者かによって碑はハンマーか何かで叩かれ、傷だらけで書かれた文字は判読できなかった。『□□□□人民政府□』と、□の部分は鋭利なタガネのようなもので削り取られている。内蒙古自治区は民族紛争もなく比較的治安上も問

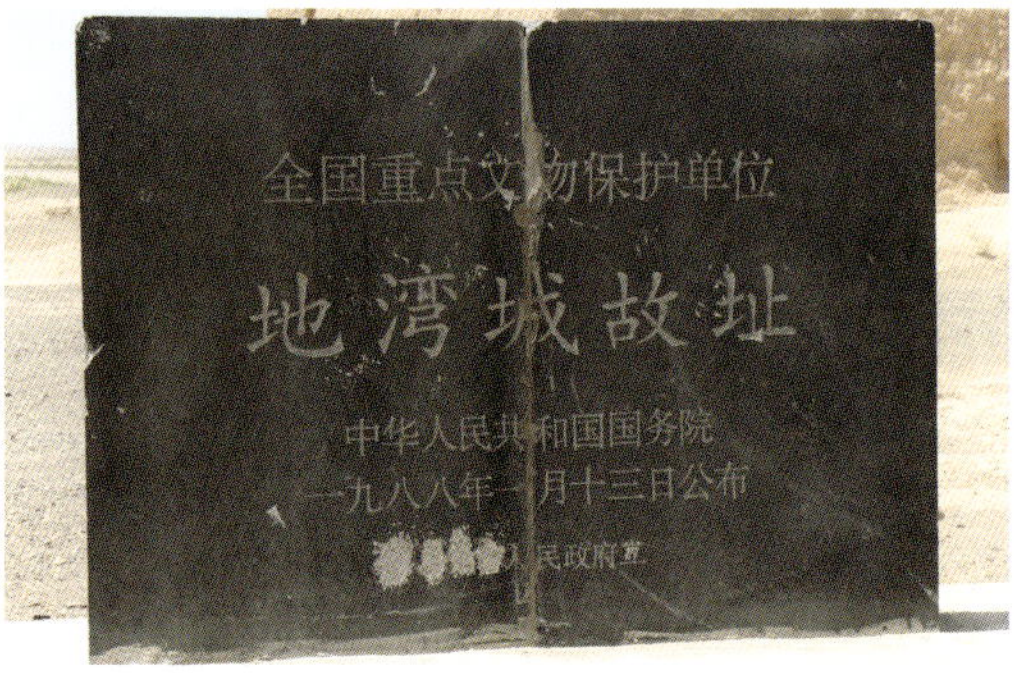

石碑には、地湾城故址と説明書きがあった。
しかし、その文字は何者かによってひどく傷つけられていた

地湾城の内部。分厚い壁に囲まれ、
非常に堅固に造られていた

酒泉に向かう途中、砂漠の中に台形の故城を発見した

題がないと聞いていたが、チベットやウイグルと同じような民族問題が潜在している事を垣間見る思いがした。

　地湾城は西側にアーチ形の門があり、ほぼ正方形に分厚い壁で囲まれ、非常に堅固に造られている。城全体の北東に位置するところは肩水候官の居城と思われ、大方城よりは規模が大きい。外郭の壁は薄い版築で、兵舎と思われる部屋もある。形式は大方城と同じだった。故城の西側にはエチナ河が流れていたが、見た目には誠に貧弱な流れであった。

地湾城から眺めたエチナ河

エチナ河。右上に小さいが地湾城跡が見える

車が砂地獄にはまる

　地湾城を見終えて再び舗装道路に出るためには、砂礫地の悪路を５～６ｋｍ北へ戻らねばならない。面倒だからこのまま南へ進もう、どこかに舗装道路に出る道があるだろう、と判断したのが大きな間違いだった。

　車は酒泉に向かう鉄道に沿って南下した。その鉄道の東側に平行して舗装道路が通っているので線路を横断すればいいだけなのだが、線路は地面より４～50ｃｍほど高くて乗り越えることができない。砂漠の中にきっと横断道路があるに違いない。そう思ったが、行けども行けども、そんな道はない。

　エチナ河の河床のわずかな水の流れの中で、網を投げて魚を獲っている男達がいた。馬さんが彼らに道を聞きに行き、戻ってきた。やはり私達が入ってきたところ以外、横断する道はないとの事だった。

　私達はガッカリしたが、戻る気にもならない。意を決して線路に砂が吹き溜まっている場所を見つけ、板切れや小石を集めて３人で踏んづけて突き固め、無謀にも線路を乗り越える算段をした。

　まず車を後ろに下げ、それから突き固めた傾斜部に向かって車を全速力で突進する。何が何でも車を線路上に押し上げようと、私と王さんは渾身の力を振り絞って車を押した。だが、敷き詰めた小石はバラバラと飛び散って砂にめり込み、板は砕け飛んだ。エンジンはキンキンと音を掻き立て、タイヤはズルズルと砂の中に沈み込んで止まる。それを何度も繰り返すのだが、そのたびにタイヤは煙を上げて空回りし、車はどんどん砂に沈み、前に後にも進まない。あがけばあがくほど事態は悪くなり、ついに車体の腹は砂にへばりついてしまった。絶体絶命、Ｏｈ ｍｙ ｇｏｄ！ こんな時に列車が来たら、この世の終わりだ。私のように神仏無縁な者でも、神様仏様……と念じずにはいられない。

　私達は、素手でタイヤの周りの砂を掻き取り始めた。幸い前輪は枕木部分の固い所にかかり、車の後方に傾斜になっている。車体の下の砂を取り除き、砂漠のあちこちから大きめの石を拾ってきてタイヤの通る轍《わだち》部分に敷いた。その上に、暑さのため無用の長物となった私達のジーパンや厚手の衣類を被せる。車のギアをニュートラルにし、３人がかりで後方へ渾身の力で押すと、タイヤはゆっくりと回転した。少しずつ車を動かし、そのつど石で固めて布を被せ、後輪がようやく固い地面に辿り着くと車は嘘のように楽に動いた。

　ヤッター！ 神様の思し召しだ。トラブルを克服できた安堵感と疲労で、私はその場に座り込んでしまった。そしてこの嬉しさは言葉では表せない。私達は物も言えぬくらい疲れ切っていたが、いつまでも安閑《あんのん》としてもいられない。少しだけ休んで、来た道を北へ戻る事にした。

　来る時は目を輝かせて見た故城も烽火台も、帰路の目印とはなったが、私の中で新鮮味を失い、虚ろなかげろうのように揺れていた。周囲はどこを見ても砂の世界だ。こうなると砂漠が恨めしい。

　砂の中を一条に伸びる悪路を、ガタンガタンと振動しながら車は走る。砂地獄から２時間もかかり、やっと酒泉行きの舗装道路に出た。長時間ドッシンドッシンと叩きつけられてきた身体に、舗装道路の滑るような快適さが心地よい。王さんも私も力尽きて、全身綿のように疲れて眠ってしまった。運転手の馬さんに申し訳ないと思ったが、睡魔には勝てなかった。

酒泉—エチナ間の鉄路。砂漠の中を地平線まで一直線に続いている。私達の車は、この鉄道に沿って南下した

エチナ河の河床のわずかな水の流れの中で、網を投げ入れて魚を獲っている男達がいた

望遠レンズを最大にして撮った大湾城の姿。左側に烽火台が見える。灼熱地獄のようなゴビ灘の大地は、皺だらけで燃えるように赤茶けており、歩くのがとても困難を極めた。望遠レンズで見る大湾城は目前だが、実際は地面からの反射熱でゆらゆらと揺らめき、とてもたどり着けるとは思えないほど遠くに思える。数km先の距離だったが、耐え難い暑さのために行くことを断念せざるを得なかった

人民解放軍宿舎にて

目覚めると車は快適に南下していた。漢代の烽火台跡が所々にあり、強い日射しを受けて陰をなし黒がかって見える。ほとんど上部は崩れている。砂礫地の中で大道草《みちくさ》を食ったので、エチナの町を出て6時間以上も経っていた。

しばらくすると、はるか遠方の右側に、黒々と横たわる大城壁が目に飛び込んできた。私は「大湾城に違いない！」と思い、馬さんに車を止めてもらう。この車は四輪駆動ではなく、緊急時の装備もないので、砂漠の中を走ることはできない。私と王さんは車を降り、馬さんに少し休んで貰おうと2人で大湾城を目指して歩き始めた。

照りつける太陽と地面からの反射熱は凄まじく、まさに炎熱地獄だ。空気が燃えるように熱く、あちこちに蜃気楼が現れている。2人ともTシャツなので汗がすぐに蒸発し、体の水分がどんどん失われて喉が渇く。そんな場所でも地表の所どころに、貧弱な草が必死に生きていた。私達もこの草のように頑張ろう、と言って歩く。大砂漠に道らしい道はない。地面はでこぼこだらけでゴビ灘そのものだ。

数百mほど歩いたところで、王さんが突然「僕はやめる、死んじゃうよ！」と言って引き返してしまった。「なんてこった。ここまで来たというのに！」。私は少し憤慨し、心細かったが前進した。地表は、魔女の肌のように皺だらけだ。数m歩くだけでもヨロヨロして、体力がどんどん消耗する。だんだん頭がボーっとして気分が悪くなってきた。ふと、熱射病では……という心配が頭をよぎる。

2kmほど歩いたところで、私は心細さが増してくるのを止められなかった。あえぎはじめた私はその場に座り、大湾城の写真を遠景から数枚撮った。そして、それ以

烽火台の残骸。砂漠の中に、このような遺跡が点々とある

上進むのを断念し、来た道を戻りながら「こんな荒地は遺跡の調査隊くらいしか入って行けないのだろう」と思った。

この恐るべき体験は、井上靖の西域小説「漆胡樽《しっこそん》」の一場面を思い起こさせた。

「長く匈奴の捕虜になっていた漢人の男が、自分の脱出の道具として匈奴の族長の妻をかどわかして逃亡する。2人は不眠不休で祁連山の峡谷を歩き続ける。砂漠に出ると、男は女を馬体に縛りつけ、ひたすら漢土を目指す。だが、女の疲労は極限に達していた。5日目、追っ手を振り切ったと判断した男が馬上の女の縄を解くと、その体は鈍い音をたてて地上に落ちる。女はすでに言葉を発する事もできない。男は口移しで女の口に水を含ませたが、女は一口飲んで静かに息絶える。男はその時初めて、偽りのない真実の愛情を感じる。男は女をその場に棄て、再び漢土を目指す。しかし、10日目に包みこむ灼熱の砂漠の中で、男も力尽きる」

私は、自分が立っているこの場所こそが「漆胡樽」の舞台に相応しいと思った。祁連山脈に近く、漢の支配する長城や大湾城は目前だ。この物語には続きがあり、その後男の亡骸は漢軍の一支隊に発見されるのだが、それが大湾城の国境警備隊だとすると納得がいく。

とりとめもなくその男と自分を重ね合わせ、センチメンタルな気分に浸りながら、あえぐように元の場所へ戻ってくると、舗装道路脇に大きな数棟の建物があり、その駐車場に私達の車が停まっていた。門の右側の建物内から声がする。

フラフラしながら建物の中に入ると、王さんと馬さんが数人の筋骨逞しい若者達と談笑していた。テーブルが並んでいるので食堂のようだ。みんなニコニコ顔で私を迎えてくれたが、王さんに「サムライでも怖くなって引き返してきたの?」とからかわれた。「この卑怯者めが。敵前逃亡しやがって!」と罵ってから、ボーっとした頭で「ここはどこじゃ?」と私が尋ねると、「人民解放軍宿舎です」という返事が返ってきた。私は仰天!ボーっとした気分が一変に吹き飛び、「俺日本人だよ、危なくないの?」と王さんに聞くと、「公安(警察)と違って兵隊だから問題ない」と言う。私は少しホッとして話の仲間に入り、兵隊から大湾城の話を聞いた。

烽火台上から望むエチナ河

彼らの話では、「朝の涼しい時間帯なら大湾城まで自分達の足で2時間もあれば到達できるが、貴

方達の足では3時間かそれ以上かかるだろう。ただし午前中に着いても、日が高くなるにつれて急激に気温が上昇し、地表の熱も上がるため、日が落ちる午後9時頃まで戻れなくなるだろう」ということだった。また、大湾城は近辺の故城の中でも比較的保存状態がよく、東西の門、東北と東南の隅に望楼が聳《そび》えて城内も見るべきものが多い、とも教えてくれた。私はもう1日延長してでも行きたい衝動に駆られたが、王さんは次の目的地・銀川行きの飛行機のフライトの関係で時間的に無理だと言った。残念だが、ここも断念せざるを得なかった。

それから一時間ほど歓談し、人民解放軍の親切な青年達に礼を述べてから、私達は酒泉に向けて出発した。本当は彼らに1週間前の人工衛星打ち上げの話を聞いてみたかったのだが、「やぶへび」になってはと思いやめておいた。

もう夕暮れ時で、辺りは夕映えに包まれていた。地平線上の空の色が茜色から暗紫色へとさまざまに変じ、夜の帳《とばり》が下りる。そして、いつとはなしに星が瞬き始め、月明かりとともに夜の空を彩っていた。暗闇に目が慣れてくる頃、薄墨色の車外の景観が見えてきた。闇に砂丘がうっすらと浮かび、幾重にもうねっている。静寂の中、車のエンジン音だけが響いていた。大分涼しくなったので車の窓を開けると、乾いた空気が耳元をよぎる。私が昼とは別の夜の幻想的な砂漠の感動に浸っていると、突然王さんが変てこな「月の砂漠」を歌い出した。私が砂漠に来るたびに歌っていたのを、いつの間にか覚えたようだ。静かで幸せな気分と少しの未練を残して、車は夜11時頃酒泉に到着。私と王さんの内蒙古自治区・エチナの旅は終わった。

その後、大湾城について調べてみると、各々の候官城を束ねる軍事高官の居城ということがわかった。城の長さは350m。なかなか立派な城のようだ。

目的地の大湾城を描いたイラスト。すぐ近くまで来ているのだと思うと胸が高鳴る

瞑走余話 ❺

便所の話

金塔から居延へ車で向かう途中、私は急に用を足したくなった。見渡す限り砂漠でトイレなどというものはあろうはずはないと思いながらも、王さんに「お腹痛い、どこかトイレないかな?」と聞く。彼は、「そんなのないよ、どこかその辺《あたり》でしたら?」とつれない。真っ平《たいら》で何も遮《さえぎ》るものがない場所で尻を丸出しなんて、私のような自称ジェントルマンにはなかなかできるものではない。数分おきに起こる腸の蠕動《ぜんどう》が数十秒になってきた。私は、後部座席に横になってモンゼツする。

小一時間もしただろうか、王さんが「トイレかもしれない」と言うので、起き上がった。数キロ先にバスらしきものが見え、人だかりも確認できる。王さんが「路線バスのトイレ休憩じゃない?」と馬運転手に聞くと、「そうだ」と答えたので、失神寸前の私は地獄から生還した心地になった。

やがて人だかりのところに到着すると、道路から十数メートルほど入った砂漠の中に、粗末な囲いの便所があった。女子と男子は一応仕切があって、女子はバスの乗客で列ができていたが、男子は露天のどこでも排泄できるためか空いていた。ただし、扉も壁も天井もない吹抜けで丸見えのトイレである。

しかし、私にはそんなことを気にする余裕などない。ようやくこの苦しみから解放されるとばかり勢いよく中に入ったところ、板を渡した溝穴に男が2人、列になって用を足していた。その後ろの私が跨《また》いだ穴は、なんとてんこ盛りでしゃがむことなど不可能だ。立ってするか、せいぜい中腰で用を足さねばならない。あいにく私はそんな軽業師のような芸当は持ち合わせていない。よく見ると、前の男はほとんど立って用を足している。忍者でもこんなことはできるまい。

何よりも、そこに漂う超絶な臭いは、言葉では表現できないほど強烈だった。大量の糞尿を土中で百年も高温醗酵させると、こんな窒息するほどの臭いになるに違いない。私は鼻が低く、したがって鼻穴も小さいため、嗅覚細胞というセンサーがにおい物質をキャッチする能力が他人《ひと》の半分にも満たない鈍感である。嗅覚障害者であることを常々身の不幸と思い悩んでいたものだが、それが幸いするなどと誰が思ったことだろう。私は寸前《すんで》のところでメタンガス中毒となり、てんこ盛りのウンコの中に頭から突っ込んで死なずに済んだのである。

結局、用を足すことを諦めてトイレを後にしたのだが、どうしたことかその壮絶便所のおかげで、車中であれだけ悶え苦しんだ私の腸は蠕動がピタッと止まってしまった。そして、貧相な我が鼻がこんな役にも立つのだと、私は改めて自賛したのである。

伝説の酒泉公園は、今では緑豊かな市民の憩いのオアシスとなっている

酒泉公園を訪ねて

往古、長安(西安)から西へ向かう旅人は、河西回廊《かさいかいろう》に入り、蘭州、武威《ぶい》、張掖《ちょうえき》、酒泉、敦煌《とんこう》と、飛び石のように点在するオアシスをたどって行った。その河西回廊のオアシスの4番目に位置するのが酒泉の町で、今では大都市だ。中国の西域史上に必ず登場する印象深い場所でもある。

河西回廊は、幾多《いくた》の民族が興亡した物語が重なっているところだ。まず、紀元前3世紀に古代遊牧国家「月氏国《げっしこく》」が登場するが、紀元前176年には匈奴の冒頓単于《ぼくとつぜんう》が月氏国を攻めて王を討ち取り、その王の頭蓋骨で杯《さかずき》を作って酒を飲んだという。それを聞いた月氏国の人々は怒り、どこかの国と協力して匈奴を撃とうとしたが協力者が見つからず、恨みを呑んで中央アジアへと移る。その匈奴も紀元前119年頃、漢の武帝によって河西回廊の全域から漠北の彼方に追い払われる。その匈奴討伐の時に大活躍したのが、霍去病《かくきょへい》だ。

こんな言い伝えが残っている。「酒泉に駐屯していた霍去病のところに、武帝から匈奴討伐の功を労《ねぎら》い、酒10樽が届く。しかし、20万の将兵に振る舞うには量が足りない。そこで、近くの泉の水で酒を希釈し、足りるだけの量に増やして将兵に与えた。その泉に酒を注ぎ込むと水が酒の匂いを放ち、こんこんと湧き出て、いくら飲んでもなくならなかった」。これが、「酒泉」と呼ばれる地名の由来で

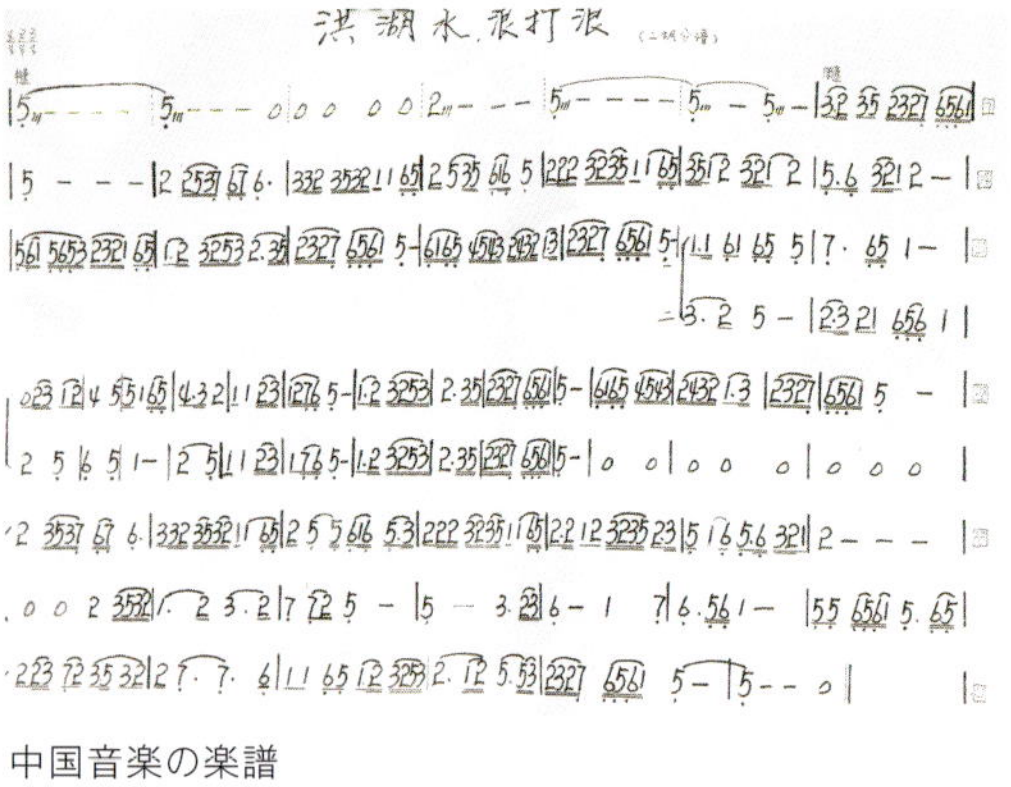

中国音楽の楽譜

この泉から美酒が湧き出て兵士の喉を潤したという

胡楊の木の下では、アマチュア楽士達が二胡や鼓を奏でて中国音楽の練習に励んでいた

霍去病の兵士のモニュメントもあった

太極拳に興じる地元の人の姿も

ある。

　その後、1040年頃になると西夏《せいか》王国の李元昊《りげんこう》が河西回廊一帯を支配し、さらに200年後にはモンゴル軍が西夏を滅亡させる。そのモンゴル軍も後に明に取って代わられる。そして現在は、中華人民共和国人民解放軍が、酒泉郊外の砂漠の中に駐屯している。

　美酒が湧き出たという伝説の酒泉公園に行った。四角いコンクリートで造られた小さな池と漢軍の兵隊や霍去病のモニュメントがあるだけの、ただの公園であった。私のように歴史的センチメンタリズムに駆られて来た者には当て外れであったが、今は市民の憩いの場になっているようだ。園内には太極拳をする人の姿も見られ、胡楊の樹の下では数人の素人《アマチュア》楽士が、琵琶や二胡、鼓《つづみ》など中国楽器の練習に励んでいた。

鐘鼓楼門

酒泉公園から西の、ほど近い所に鐘《しょう》鼓《こ》楼《ろう》門がある。街の中心に位置する東西南北を示す基点であり、かつてはここで鐘や太鼓を打って時を知らせていたという。

私が持参した資料によれば、鐘鼓楼門の創建は前涼時代（4世紀）とのことだが、現在の建物は清代の1905年に再建されたものだという。高さは27m。四方の門の上に掲げられた門額には、「東迎華獄（東に華獄を迎え）」「南望祁連（南に祁連山脈を望み）」「西達伊吾」（西は伊吾に達し）「北通沙漠」（北は砂漠に通じる）」の文字が書かれている。

往古よりシルクロード行き交う旅人は、道《みち》標《しるべ》としてこの門をくぐって行ったことだろう。

酒泉の中心部にあった鐘鼓楼門。東西南北を示し、かつては鐘や太鼓で時を知らせたという

門の1階部分はトンネルの通路となっており、
出口が東西南北の道へと続いている

前回の旅に続き、今回も私達は期待に胸を弾ませて嘉峪関空港へ降り立った

嘉峪関再訪

嘉峪関市街にあるホテル界隈の露店

嘉峪関再訪

２０１４年４月19日、私は前回の旅で果たせなかった大湾城行きを目指して、再び嘉峪関《かよくかん》空港に降り立った。暑い６月を避け、日中温度が17～18℃くらいという比較的過ごしやすい気候の４月に再挑戦だ。

空港から市街まではタクシーでおよそ25分程度。柳並木が続く直線道路の突き当たりに酒泉製鉄会社と火力発電所の高々とした煙突が白い煙を吹いているのが見えてくると、市街地はもう近い。タクシーの運転手が新しくできたいいホテルだと薦めるので、酒鋼賓館《ジウガンホテル》へ入った。すでに夜８時をまわっており、ホテルのレストランは閉めかけていたが、ビールと料理４品を無理に頼んで、王さんと明日からの旅の打ち合わせをした。

20日朝、前日空港からホテルまで送ってくれた李さんという運転手がホテルにやって来た。今日と

古い嘉峪関

古い長城

西に延びる長城

修復された嘉峪関

北大河の際に立つ明代最西端の烽火台

長城は南に延び北大河に至る。この道は北大河への道だ

明日の2日間、嘉峪関周辺の案内を頼んだのだ。
こうして、私と王さんの嘉峪関再訪の旅はスタートした。

仏頭から下がっていくと戦車と装甲車が物々しい雰囲気で並んでいた

少数民族の拠り所文殊寺

嘉峪関の中心部に高々と聳《そび》えるモニュメントを眺めながら、車は南の方角に向かった。小麦が芽吹いたばかりの緑の絨毯が広がっている。まだ芽の出ていない瓜《うり》や綿畑は耕されたままの黄土色で、所どころに羊が群れをなしていた。この地方の農産物には、他に青唐辛子、タマネギ、ジャガイモなどがあるという。

田園地帯を過ぎておよそ25kmほど行くと、カラフルな家並みが続く集落があった。色とりどりの祈りのチベット風タルチョのような旗が、左右の並木や電柱に吊るされ、道の上の空間にも張り巡らされている。チベット風のパオもあり、漢人の集落とは大分異なる雰囲気といでたちである。

運転手の李さんが言うには、ここには裕固《ユグル》族、モンゴル族、チベット族、ウイグル族、カザフ族などの少数民族が住んでいるということだった。その集落の奥まったところの高台に、13層もの高さの仏塔が聳《そび》えていた。文殊寺という古いお寺で、この地域の観光スポットにもなっているようだ。王さんと私は、一木一草もない岩山の道を上った。少し行くとお寺の管理人の小屋があり、王さんが拝観料を払っていると、その隣の管理人住居奥で犬がこちらを見ていた。犬好きな私は、親愛の情から頭などを撫でてやろうと近

少数民族区にて。
文殊寺前の道路を戦車が轟音を立てて走って行った

チベット風タルチョのような旗が並んだ文殊寺。
その向こうに高々と仏塔がそびえる

禿山に石窟が並び、社が点在していた

づいた。が、その瞬間犬が猛犬に豹変し、猛然と襲いかかってきた。私はあと少しで噛みつかれるところだったが、犬がロープに繋がれていたので助かった。私を噛み損ねた腹いせか、変な言葉を操る怪しい外国人と思ったのか、その犬は私たちが遠ざかっても、いつまでも吠え立てていた。

　私達は色とりどりの旗がはためく道に沿って、再び急坂を上ったり下ったりした。道の両側には梨の木が植えられ、小さな白い花が満開に咲き誇り、疲れを癒してくれる。チベット族の若い女性が歩きながら何やら説明しているが、何の事かサッパリわからないので無視して前へ進んだ。周囲の岩山の中腹にハチの巣のように石窟があり、その幾つかを見て回った。石窟の内部は極彩色の派手な神仏が祀られ、線香がたむけられていた。王さんに「これらは何の神様?」と尋ねると「観音様や弥勒菩薩」と言った。日本とはまるで異なる姿形に半信半疑で頷いたが、それ以上訊《き》く事はやめた。お寺の肌けた岩の高台から南方を望むと、目前に祁連山脈の前山、その奥には真白な雪を頂いた祁連山脈が悠然と輝いていた。

　最後にたどり着いたのは、13層の三角形の巨大な仏塔だった。実に高く立派だ。赤、青、黄、白色などの旗が各層にはためき、これまたカラフルである。掲げられている意味はチベット族の祈りの旗タルチョと同じ意なのかどうかはわからなかったが、異国で生まれた宗教が民族のるつぼの中で姿を変えて表されているのだろうか。

　もともと中国では在来の宗教や思想があったが、そこへ仏教が入ってきて、その結果あつれきが生まれ、後に融和・混合を経て、社会主義体制での弾圧を受けた。今では中国人自身も迷信とか悪習とか信仰の区別がつかず、宗教の実態が判らなくなっているといわれている。真に信仰に拠り所を求めている人々は、この地域に住むような少数民族の人達に違いない。そう考えながら文殊寺の坂を下りて行くと、見下ろす寺門の右側に、表通り

社の中には色鮮やかな仏様たちが並んでいた。
日本の寺の仏様とは大分趣が違うので王さんに尋ねると
「弥勒菩薩」と言った。ホントカヨ?

社に続く道の端に梨の並木が白い花を咲き誇らせていた

一木一草もない岩山の道を登っていくと、
多数の社が点在していた

おびただしい数の石窟が並ぶ文殊寺の境内

から隠れるように戦車や装甲車が物々しい雰囲気を漂わせて並んでいた。私はギョッとして、さっきのチベット族の女性の顔を思い浮かべた。私達に何か訴えたかったのではないか……と。こんな小さな集落でも人民解放軍が駐屯して監視しているのかと思ったら、私はこの少数民族の人達に対して無性に連帯感を感じずにはいられなかった。私がすかさず写真を撮ろうとカメラを向けると、王さんが「あぶない!」と言って止めた。私はしばらくその場で様子を見ていたが、王さんの離れた隙に、あらぬ方向を見ながら勘でシャッターを切った。「カシャッ」と音がして、ビクッとした。彼に背いた事で私の心は少しやましい気分になり沈んだが、私はどこへ行ってもありのままの姿を求めて旅をしているのだからと自身に言い聞かせ、帰路の車に乗った。車が走り出してしばらく経ってから、王さんが口を開いた。「戦車撮ったね!公安に見つかったらどうなると思うか……」。彼は、胸をなで下ろすように言って、苦笑いした。

一見貧しそうな少数民族居住区だが、13層の巨大な仏塔がある事に驚く

45度の傾斜はあろうか、一直線に続く文殊寺仏塔への階段

文殊寺の仏塔の向こうには遙かに祁連山脈が雪を頂いていた。

あてがわれた住宅の前にはパオ型の建物が設えられ、人々は自らの生活習慣を守っているかのようだった

タルチョのようなカラフルな旗が吊るされた少数民族居住区

文殊寺から見下ろす眼下にガソリンスタンド風建物があったが、
なんと!戦車がシートに包まれて並んでいた

明代最西端の烽火台跡の碑

文殊寺下の右側にある建物は兵舎、
中央の駐車場には兵員輸送車が整然と並んでいた

分厚い懸壁長城の頂にある敵台がそびえている

懸壁長城を登る

懸壁《けんぺき》長城は、前回嘉峪関を来た時にも訪れた場所だが、その時はあまりの急斜面と高さを前に「私の脚力ではとても無理だ」と思い、登るのを断念した。だが、今回は旅行前の脚力トレーニングで十分鍛えてきたので、私も挑戦する事になった。

懸壁長城という名の由来は、城壁があたかも天空に懸けられてい

懸壁長城の途中から眺めた嘉峪関市内は、
スモッグに霞んで何も見えない

懸壁長城、その急勾配は45度以上もあり龍が天に昇るがごとくである

石炭のように黒い山肌の黒山のはるか彼方はスモッグで霞んでいた

黒山の頂上に敵台から敵台に続く長城が続く

るように見えるところからつけられたものだという。黒山の急斜面が山頂に向って伸びていく様は、あたかも龍が天空を目指して昇るが如くだ。頂上には敵台《てきだい》（見張り台）があり、そこに行くには、ただひたすら歩いて登る以外ない。王さんは若いので物凄い勢いで登っていくが、私はマイペースに徹し、呼吸を整えながら一歩一歩進む。心臓がバクバク高鳴ると休み、落ち着いてくると歩く。ようやく中腹まできて一望する雄大な山河は、言葉も出ないほど圧巻であった。

　景色に見入っていると、頂上から王さんから気遣いの声が掛かった。私は意識がもうろうとしながらも、再びこのとんでもない急勾配の階段を登っていく。全長750m、傾斜角度45度。私の足でおよそ40分かかり、ついに登りきった。疲労はあったが、心地よい達成感に浸った。

　その昔、頂上の敵台は十人程の兵士が駐屯し、監視や任務の交代、緊急時の救援、烽火伝達、武器食糧の貯蔵などが行われていたのだろう。私はレンガの床に立ち敵台の壁に寄り掛かって、登ってきた城壁の石段に目をやりながら、とりとめもなく往時に思いを馳せた。

　頂上での酷寒、酷暑の任務は、兵士達にとって筆舌に尽くしがたい過酷なものだったに違いない。そう思って眼下を見渡すと、火力発電所と並んで酒泉製鉄会社の何本もの大煙突から白煙が立ち上り、嘉峪関市の上空を覆っている

敵台の内部。往時は兵士が酷寒酷暑の中で筆舌に尽くしがたい任務についていた

のが見えた。歴史の証人としての地と工業都市という二つの顔をもったこの場所に複雑な思いを抱きながら、人の気配のない敵台で、私と王さんはしばらく休息した。やがて下りにかかる事にして腰をあげると、数人の若者が元気な声を出し合って登ってくるのが見えた。私と王さんが「チャーヨ（頑張れ）」と声を掛けると、彼らは元気に手を振っていた。

　長城はさらに南に延び、北大河およそ80mの断崖絶壁で途切れて終着点となっていた。そこには明の時代の最西端の長城があり、半ば崩れかけた烽火台があった。それは、西方から見て最初の烽火台であることから、明の長城第一烽燧《すいほう》と呼ばれている。

懸壁長城の下に造られた観光施設

この荒涼たる砂漠の中に、千を超える墓が点在するといわれている

魏晋《ぎしん》壁画墓を見る

嘉峪関市街から北東に車で30分ほど走ると、簡素な墓遺跡《ぼいせき》を管理する魏晋《ぎしん》文物博物館があった。そこは一帯が荒涼たる砂漠の中で、千を超える墓が点在しているが、そのうち発掘されたものは18基で、現在公開されているものは6号墓と7号墓のみということだった。私と王さんは博物館の学芸員の女性に案内されて、6号墓の階段を下りていった。

墓の中はひんやりと涼しく、そこには1700年前の人が永遠の

博物館入口

博物館の看板

眠りにつく死生観が込められていた。レンガ一枚一枚に描かれた彩色壁画は、3世紀のものとはとても思えない鮮やかな色彩で、デザインや描線やタッチも繊細に描かれている。私は写真に撮りたかったが、撮影禁止だった。

彩色壁画には、墓主の華やかで贅《ぜい》を尽くした生活が克明に描かれていた。痩せた農奴が農耕や牧畜に汗を流し、粗末な衣服の使用人らしい女が蚕から繭を紡ぐ。肥《ふと》った主《あるじ》は従者を連れて狩猟に精をだし、宴では歌舞音曲や賭け事に興じている。料理人が羊を屠殺《とさつ》する場面の、血の赤色は特に鮮烈だ。その後、皮を剥いでなめす作業まで描かれている。とりわけ印象に残ったのが、墓主夫婦と使用人の体格の違いだ。当時の身分差を表現しているのだろう。

広い墓室の四面いっぱいと天井一面には、さまざまな当時の生活の姿が贅を誇るように描かれていた。ドーム型のレンガの門の次の部屋も絵がびっしりと描かれており、最奥の部屋には分厚い木で造られた長方形の棺が安置されていた。私はしばらく案内人の几帳面な説明を聞いていたが、あまりの絵の量の多さに少し退屈になった。

私が最も興味深く感じたのは、最初の石室のレンガの壁に開けられた、人が入れるサイズの楕円の穴の跡だった。内部には金銀宝飾品など、死者の副葬品が膨大にあったに違いない。しかし、ある日それが盗掘されてしまう。レンガで組み立てた石室は、無原則に外部から穴を開けるとドミノ倒しのように全てのレンガがガラガラと崩れて埋まってしまう仕掛けになっている。そこで、このドーム型の石室を造った職人が盗掘者なのだと学芸員の女性は言った。私はその盗掘の穴の跡をまじまじと眺めながら、なるほど、レンガの一つ一つを上手く外してあるものだと得心した。

魏晋壁画墓を後にして、私達はいったん嘉峪関市街へ戻った。

魏晋壁画墓に到着。立派な門をくぐって中へ入る

博物館に展示されている現状の墓の内部の模型

現在は6号墓と7号墓だけが公開されているが、内部は撮影禁止になっている

展示されている墓内にあったという墓主の棺

大湾城へ再挑戦する

大湾城へ行く途中、私達は120kmほど手前に位置する金塔県という砂漠の中の町にある、金胡楊ホテルに泊まる事にした。町で旅の情報収集をするために、そこが距離的にも最適と判断したからである。昨年、エチナを訪れた時には気にも掛けずに通り過ぎた町だが、2000年以上も前から漢人の入植地だったというだけに、町の佇まいは全て中華そのものだった。

金塔県の街中で、麻雀を楽しむ市民

王さんが明日の砂漠行きのための買い物をするというので、一緒に町へ出た。中央広場の左側がバザール（市場）になっている。王さんがバザールに行っている間、私はベンチに腰掛けながら、何となくシルクロードの人々に思いを馳せていた。

7年前クチャの王様に面会した時に会った秘書官とかいう女性は、砂漠の夜空に瞬く星のように澄んだ瞳と、白く輝く月のような肌をしていた。ウイグルやペルシャやトルコ系の混血か、異常な美しさで私は悶絶するところだったことを覚えている。広場のそこいらを行き交う人々を視線で追って、密かに彼女のような美しい胡姫《こき》にお目にかかれるかもと期待に胸を膨らませたが、そんな事はこの世にあるはずもない。

しばらく私は広場で人々を観察していた。開拓民の町であるため、農民風の男が多い。遠くの村から来るのだろう。砂塵を巻き上げてオートバイで走り回っている。女もくたびれたスカーフで髪を覆い、砂埃で黒ずんだマスクを付けてオートバイで走っていた。

王さんがミネラルウォーターや食糧を買い込んで来たのでホテルに戻り、宿の主人趙さんに大湾城について聞いた。もちろん地元の人間だから大湾城の名前は当然知っていたが、行った事はないと言う。ちょうど趙さんの親戚という男が遊びに来ていて、フロントの女の子と話をしていた。彼は北京語をよく話すので王さんと意気投合し、金塔県の歴史などについて話していた。

そして彼が言うには、祁連山脈の雪解け水でエチナ河が増水して危ないので、彼の知り合いのガイドをつけた方がよいという。私は人民解放軍の兵隊に案内を頼もうとお土産をいっぱい持参したのに……と思ったが、エチナ河の増水！ガイド！というフレーズに

街中で見かけたエンジュの樹

惑わされ、600元で彼の知り合いを雇うことになった。だが、それがそもそもの間違いだったのだ。

翌日4月23日の朝、その知り合いの王という50歳くらいの男が、韓国車ヒュンダイに乗ってやって来た。彼は、「自分の車は金塔県ではトップクラスの性能だ」としきりに自慢していた。私は車の事はよくわからなかったが、男の形相や雰囲気が何とも史跡ガイドに相応しいとは思えなかった。

王さんとガイドの王案内人は宿のフロントの前で30分ほど打ち合わせをし、9時頃に私達は大湾城に向けて出発した。車は少し南に戻り、新しくできたという橋でエチナ河の西側に出た。しばらくは舗装道路を走り、両側には開拓農家が続いたが、やがてすぐに砂漠になった。王案内人は携帯電話でしきりに話し続けているかと思えば、中国歌謡曲をガンガン掛けるので、何とも喧《やかま》しい。王さんが怒って注意したため静かになったが、私達を退屈させない配慮だとはわかっていた。王さんが「この男は大湾城への行き方がわからないので携帯で盛んに誰かに聞いているようだ」と言った。彼は、史跡など全くわからないただの白タクだった。はなはだ頼りなかったが仕方がない。

砂漠の中には道はない、幾つかの開拓農民の家を見たが、行けども行けども砂漠が続く。エチナ河に沿っておよそ3km間隔で烽火台が半ば壊れたまま残っていた。途中、若い農民夫婦が小さなトラックで走っていたので、王案内人が大湾城への行き方を聞きに行って戻ってきた。あと8kmほどだと言うので、はるか前方に黒い城壁が見えるのが大湾城だと確信した。だが、砂漠の中を走るのはラクではない。大曲がりしたり、轍《わだち》の痕跡を探したりと、なるべく固い場所を探しながら進んでいく。

一時間ほどして目的地に到着し、やれやれと城壁の前に立った。が、何だか少し様子がおかしい。王さんが石碑に書かれた碑文に目を凝らして「違う、間違えている。ここは西大湾城だ!」と叫んだ。私達はそこで初めて、大湾城がエチナ河を挟んで東西にあることを知った。私が求めてきたのは、往時の姿を最もよく残している東大湾城だったのだ。

よく見るとエチナ河の東側の砂漠の中で微《かす》かに、高々と北側に配して聳《そび》える望楼と城壁がボヤっと見えるではないか。だがそこに行くには今来た道を南に戻り、エチナ河の橋を渡って東側に出て、さらに再び北進する以外に

バザールの外は中央広場になっていた

さあ、砂漠行きの準備だ!

崩れた西大湾城の外観を眺めながら、私と王さんはガックリと肩を落とした

我々が求め続ける目的地の大湾城が、
エチナ河の東側に見える。しかし、あそこに行く手立ては無い

気を取り直して西大湾城内部へ。やはり中は砂に埋もれていた

なかった。

私も王さんも失望のあまり言葉を発する気力もなく、西大湾城の西側の入り口から内部に入った。南北に３５０ｍはあろうか。この巨大な構築物の中はガランとして何もなく、東側にあるはずの城壁も跡形も残っていない。その向こう側にはエチナ河が滔々《とうとう》と流れている。河端には、数年前のエチナ河の氾濫で城壁の川側に面した部分は崩落して流失したと書かれた碑があった。

私は失せた気力を奮い起こし、西大湾城の周囲を歩き廻った。すると、この巨大な廃墟の西側１ｋｍほどのところに烽火台が陽炎のように揺れていたので、そこを目指して歩き始めた。途中、長城らしき版築の残骸が、南に延々と伸びて残っている。その辺りにさしかかった頃、王さんから戻るように両手を挙げて合図があった。

私が、塩で浮き上がった地面をサクサクと音を立てながら急いで戻ると、王さんは「急げば東大湾城に行けるかもしれない」と言った。

去らばじゃ、西大湾城!

瞑走余話 ❻

中華料理店

中国料理は、その店によって美味《うま》いのもあれば不味《まず》いのもあるので、私は無難に以前食べたことがある名前の料理を、懐具合を考えて少な目に注文するようにしている。しかし、それにもかかわらず、なぜか似ても似つかぬものが山ほど出てくることがある。

店ごとに素材も料理法も異なるからだろうが、お目当てのものでないときは至極《しごく》がっかりさせられる。出てきたものは仕方なく食べるが、その量の多さにホトホト持て余す。それでも残すのはモッタイモッタイナイと食べるため、メタボ率は急上昇だ。

その結果、我が腹はビア樽のごとしで、歩くよりゴロゴロ転がった方が便利かも知れないと思ったりするのである。

ある時、エチナ河の洪水により東側壁面が
完全に崩れ果てたという西大湾城。
すぐ横には白い河のように塩が噴き出ていた

塩が噴き出た地面をサクサク歩く。
その向こうに王さんが……

大ピンチ!車が砂にはまり、動けなくなってしまった

またまた砂地獄にはまる

　王案内人は、何時間かかるかわからない東大湾城行きに気乗りしないようで機嫌が悪かった。私は人民解放軍の兵隊のために持ってきたお土産のお菓子を彼に差出して機嫌をとり、私達は再び砂漠を南に向かった。

　だが、来る時が比較的順調だったので油断があったのだろう。来た時の車の轍《わだち》は風が運んだ砂で跡を消していた。そして、車はいつしか来たルートを外れ、砂の吹き溜まりに突っ込んでいた。車のパワー全開でバックにロウギヤと交互にチェンジして脱出を試みたが、タイヤはズルズル砂の中にめり込み、エンジンが止まる。もう前にも後にも全く進まない。私達は車の下を掘って掘って掘りまくったが、車は沈み込むだけでその腹がベッタリと砂にくっついてしまった。それでも知恵の限りを尽くしてあれやこれやとあらゆる手段を講じたが、全て無駄であった。

　万策尽きた。静まり返った広い砂漠のどこを見渡しても、砂と砂利《じゃり》以外何もない。その時、砂漠のはるか先に小さな緑の樹木の一角が視覚に入った。人がいるかもしれない。王案内人は、そこを目指して歩いて行った。その間も、私と王さんはタイヤの周りや下を掘って作業を続けた。

　それから40～50分ほど経った

耕運機で車を牽引する作戦で
一度は砂だまりを脱出することができたのだが……

砂漠の向こうに緑の樹木が見える。
防砂林に覆われた中には、小さな開拓農民の家があった

頃、王案内人が耕運機に乗り戻って来た。車にロープを掛けて耕運機で前方に引いてみる。しかし、車はわずかに動いただけで、再び前にも後にも動かなくなってしまう。牽引のロープも切れてしまった。私は「車を後方に引く方が地面の固い部分があるのでよい」とアドバイスをしたが、王案内人は全く聞く耳を持たなかった。このガンコな男が耕運機で牽引する車を、私達は汗だくになりながらひたすら押したり引いたりした。そして何度も何度も繰り返した後、やっと砂だまりを脱出する事ができた。

　王案内人が耕運機を返しに行くので、王さんが車を運転して緑の樹木の一角までついて行く事になった。が、数km走ったところで、今度は王さんが運転を誤ってパウダーのように柔らかい砂の中に車ごと突っ込んでしまった。それを見ていた王案内人は、凄い勢いで砂塵を巻き上げながら耕運機を飛ばして来た。明らかに怒りの形相である。

　王さんも私もおののき気が滅入ったが、再び砂掘り作業を始めた。そしてもう一度、耕運機で牽引して車を砂から出そうとする。しかし、今度は耕運機が大きなエンジン音を上げるだけで車輪が回らなくなってしまった。耕運機の櫛歯のような爪も降りたまま上がらない。王案内人はそれでも必死に爆音を上げて操作していたが、私のように車の知識のない者でも動力伝達装置のダイヤフラムが滑っている事ぐらいはわかった。小さな馬力で無理やりエンジンを回した事が原因だと思った。

　このガンコな男は、やがて再び緑の樹木の一角に歩いて行った。私と王さんは申し訳ない気持ちになり、必死に掘って掘りまくった。しばらくすると、王案内人は痩せた若い男と老人を連れて来た。2人の男の肩には、長い板が担がれている。私たちが掘った左右の前輪の下にその板を入れ、みんなで声を合わせて車を固い土の部分に向かって押すと、王案内人の運転する車は難なく砂だまりを脱出した。板の威力に感動し、ホッと安堵感に満たされた。

　すでに西大湾城を出て5時間が経っていた。午後6時を過ぎている。私達は、今度は耕運機を押して緑の樹木の一帯に行った。そこは開拓農民の粗末な家で、ポプラの防風林に囲まれた小さな農家だった。王さんが私に「耕運機を壊した詫びに農民に200元払い、案内人にも割増で200元払いたいがどう?」と聞くので、私は持っている金を全部やっても惜しくはないと思った。「銭金の問題より、幸運なのは私達の視界の範囲にこの家があった事だよ」と私は言った。

　だが、この家がなかったら私達は命がなかったかもしれないとは、この時はまだ気づかなかった。

砂嵐襲来

　王さんはこの土地の人達の言葉がわからない。ガイドの王案内人が農民2人との間で何か話をして部屋から出てくると、「ランク7の砂嵐が迫っているようだ。急いでこの場を離れよう」と言った。私達が砂の吹き溜まりと格闘している時、王さんの携帯電話にも彼の妻女から砂嵐の情報のメールが入っていたのだが、彼は必死に作業していてそのメールに気がつかなかったようだ。東大湾城どころではなくなった。私は、「金塔県に一時避難してでも明日また再挑戦したい」と主張したが、王さんも案内人も嘉峪関に戻ると言って、私の話を全く聞き入れなかった。私は危険にちょっとだけ触れてみたいと思いながらも、結局その場所を後にした。

砂嵐を避けて嘉峪関市へ撤退する途中、
突風のためか交通事故が頻発していた

　車は嘉峪関に向かって走り続ける。舗装道路に出ると、どの車も猛スピードで南に爆走していた。途中、突風のためか3件の大きな交通事故を目撃したが、目もくれずに走って走りまくった。やがて砂漠の西北の彼方が黒がかり、空は黄砂で茶色というよりピンク色になった。まさに砂嵐がやって来たのだ。王さんの携帯電話に妻女から、驚いたことにウルムチは大雪で、蘭州は泥の雨が降っているとの情報が入った。王案内人が「ランク7の砂嵐に晒されると車の塗装が剥げ落ちる」と心配顔で話す。彼は、私達を嘉峪関に降ろした後、金塔県まで戻らなければならない。

　夜の9時頃、やっと嘉峪関の町に入った。日が陰って空がグレー一色になると、黄砂はいよいよ深くなり、街燈もネオンもまるでガス灯のようにボーっと霞んでいた。街路樹は風で枝葉を揺らし、町行く人々は被り物にマスクを着けて黙々と家路に急いでいる。何ともいいがたい無常感というか、どこまでも陰鬱な情景だ。漠々たる黄砂のためヘッドライトの光も反射光で屈折して見える。私達は王案内

嘉峪関市へ向かって砂漠の道をひた走る。
砂嵐襲来で空が暗くなってきた

私達が嘉峪関市内に入る頃、
空はピンクがかった不思議な色に変わった

人とガイド料を精算後、嘉峪関賓館に入った。頼りない王案内人が、無事に金塔県へ帰れるよう祈らずにはいられなかった。

　空気が異常に冷えてきた。この寒さの中で砂漠の只中に取り残されていたら、恐らく私達はお陀仏だったに違いない。もしあの農家がなかったらと考えると、背筋が寒くなるのを覚えた。頼りない案内人とは思ったが、彼の状況判断は正しかった事を改めて知る思いだった。ホテルの部屋の窓から砂嵐の猛威を観察したかったが、日中の苦闘で体は力尽きている。睡魔が襲ってきて綿のように眠ってしまった。

　砂嵐は翌日も嘉峪関の空を覆い、ホテルの室内の窓枠にもテーブルにも砂が積もっていた。砂嵐が寒波をともなって来たため、私はあまりの寒さに震え、ありったけの下着を重ね着して空港に向かった。驚いたことに、道路の中央分離帯に植えられた植栽が樹氷で真っ白に覆われている。凍てついた大気に黄砂が満ち、微細な粒子でアレルギーを起こしたのか、まるで花粉症のように鼻水が止まらなかった。

　昨年6月に大湾城を訪れたときは暑さで失敗したので、今年は日中温度が20度前後というベストな気候の4月に再挑戦してみたのだが、このシーズン特有の砂嵐と極端な気温の変化で、またまた大湾城行きは阻まれてしまった。大湾城は、なかなか私に微笑んではくれない。それだけに未知なるものへの憧れや、魅力は増すばかりだ。

　旅にアクシデントはつきものだ。目的は果たせなかったが、それにも増して得たものは大きい。雄大な自然と遭遇し、その美しさや厳しさに畏敬を感じ、歴史に思いを馳せ、その土地の人と触れ合えた事。苦しい時もあったが、すべてが私にとって忘れられない貴重な体験であった。

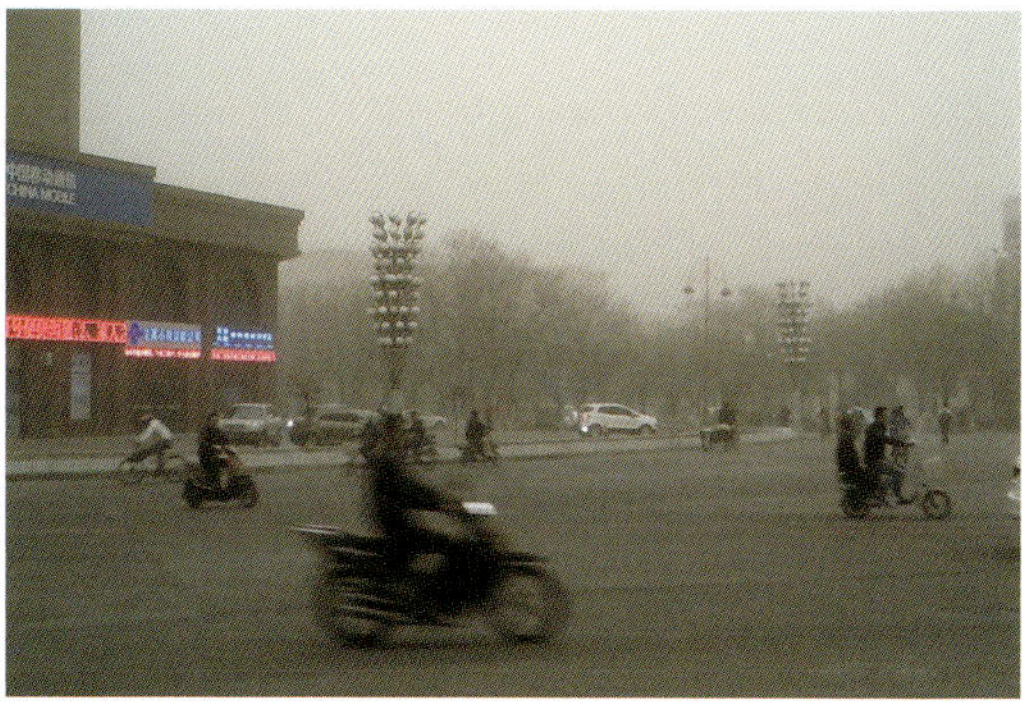
砂に煙る嘉峪関市内の様子。人々は足早に帰路を急ぐ

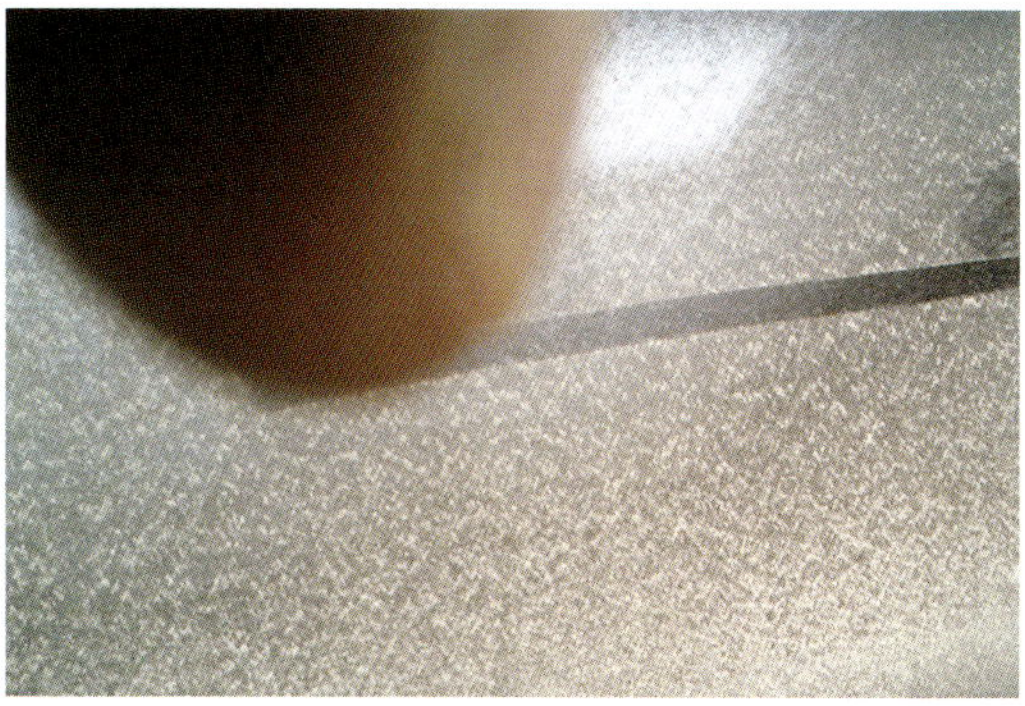
嘉峪関ホテルの室内に積もった黄砂を指でこすってみる

砂嵐が運んできた寒波は、
嘉峪関市内の植栽を空気中の水分が凍る樹氷に変えていた

あとがき

私はこの旅に出掛けるにあたり、何のたたりか心臓に問題が発生し、１５０歳のごとく体力が衰えてしまいました。そこで乾坤一擲《けんこんいってき》、年端も省みず若者の身体の鍛錬の場、スポーツジムなどに通い、歩行訓練、筋力トレーニングなどで体を鍛えました。

数ヶ月の時を経、その甲斐あって、サムソンの如く怪力の持主になり、旅に出ると20ｋｍもの荷物を担ぎ、懸壁長城という龍が天に昇るが如き急勾配を登り、求法僧のように地の果てまで広がる砂漠を歩き、砂地獄ではモグラのごとく地を掘って掘って掘りまくり、あまつさえ病など、どっかへ吹っ飛んでしまいました。

こうして後に友人達から『鉄人』という称号を戴《いただ》くことになったのですが、砂漠で死ぬかと思う寒さに難遇したり、目も開けられないほどの砂嵐を経験することは想定外でした。そして、意見の違いもありました。私は「冒険的で粗雑」だと相棒の王さんは言います。彼は「几帳面で慎重」です。それはそれでよいことですが、ここ一番という時にサッサと退却するので、私は何度となくカンシャクを起こして彼を煩《わずら》わせました。旅の経験がどんなに豊富でも勇敢であっても想定をされないリスクは突然に襲ってくる。それにも関わらず、常に王華崗氏が陰に日にサポートをしてくれたおかげで、２回の旅を無事終えることができました。彼なしでは成し得ないことであり、私はとてもありがたく、深甚の謝意でいっぱいです。

さらに、本稿執筆にあたり私の拙《つたな》い絵の労を煩わせた浜松美術協会会長・見崎泰中先生、そして水曜会水野憲一先生のご教示を得たことに、本当に感謝申し上げる次第です。

なお旅行に持参し、参考にさせていただいた文献は『万里の長城攻防三千年史』（来村多加史・講談社現代新書）、『西域小説集』（井上靖・講談社）、『戦略戦術兵器辞典』（学習研究社）などであります。

著者略歴

荒井 省三（あらい しょうぞう）

1940年	東京都に生まれる
1961年	工学院大学専修学校在学中、海外放浪の旅に出る。インド、中近東、ヨーロッパ等周遊
	1970年まで3度インド中近東方面を放浪
1971年	貿易会社「サンショーエンタープライズ」設立
1972年	食品販売会社「銚子屋本店」設立
	現在同社代表取締役
2001年	独学で木彫を始め、浜松市主催の展覧会で入賞
2002年	見崎泰中先生に師事、以後市長賞2回、県展入選1回、県のシニア部門の展覧会で財団理事長賞1回
2003年	ねんりんピック美術部門で銀賞受賞
2003年	第一回中国西域方面を1カ月旅する。以後毎年、旅先を延長しながら3万キロを踏破
2008年	『瞑走 私的西域放浪記』（ひくまの出版）を上梓
2012年	ふじのくに芸術祭美術展入選

放浪同行人 王 華崗
校正 荒井 よし子
デザイン cactus design（黒住 政雄・古木 香衣）

瞑走2 カラホト（黒水城）幻想紀行
2015年3月1日初版発行

著者・発行者／荒井省三（本文、写真、イラスト、地図）
制作・発売元／静岡新聞社
〒422-8033 静岡市駿河区登呂3-1-1
電話 054-284-1666
印刷・製本／中部印刷
ISBN978-4-7838-9897-9 C0026

定価はカバーに表示してあります

カラホト（黒水城）城内想像図

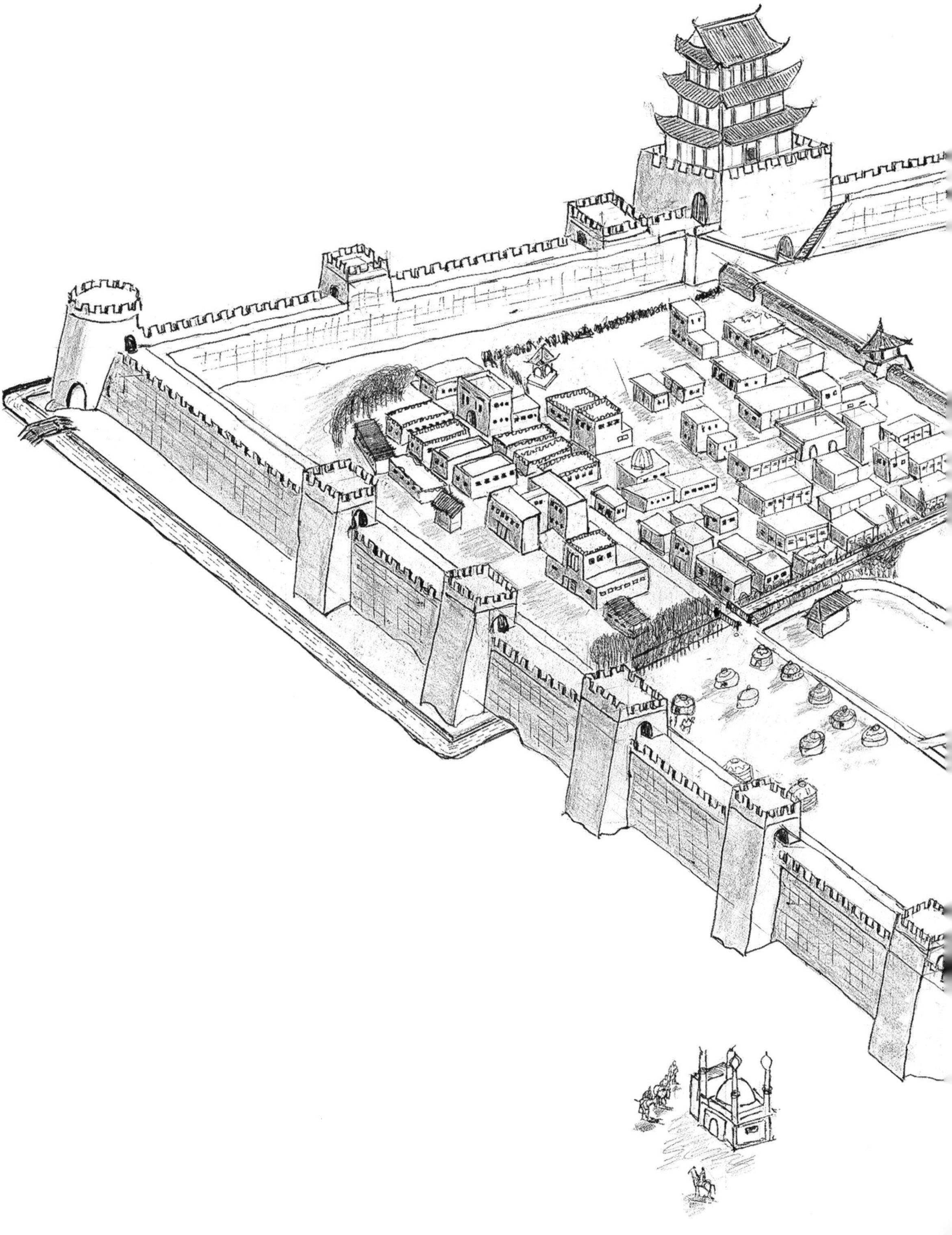

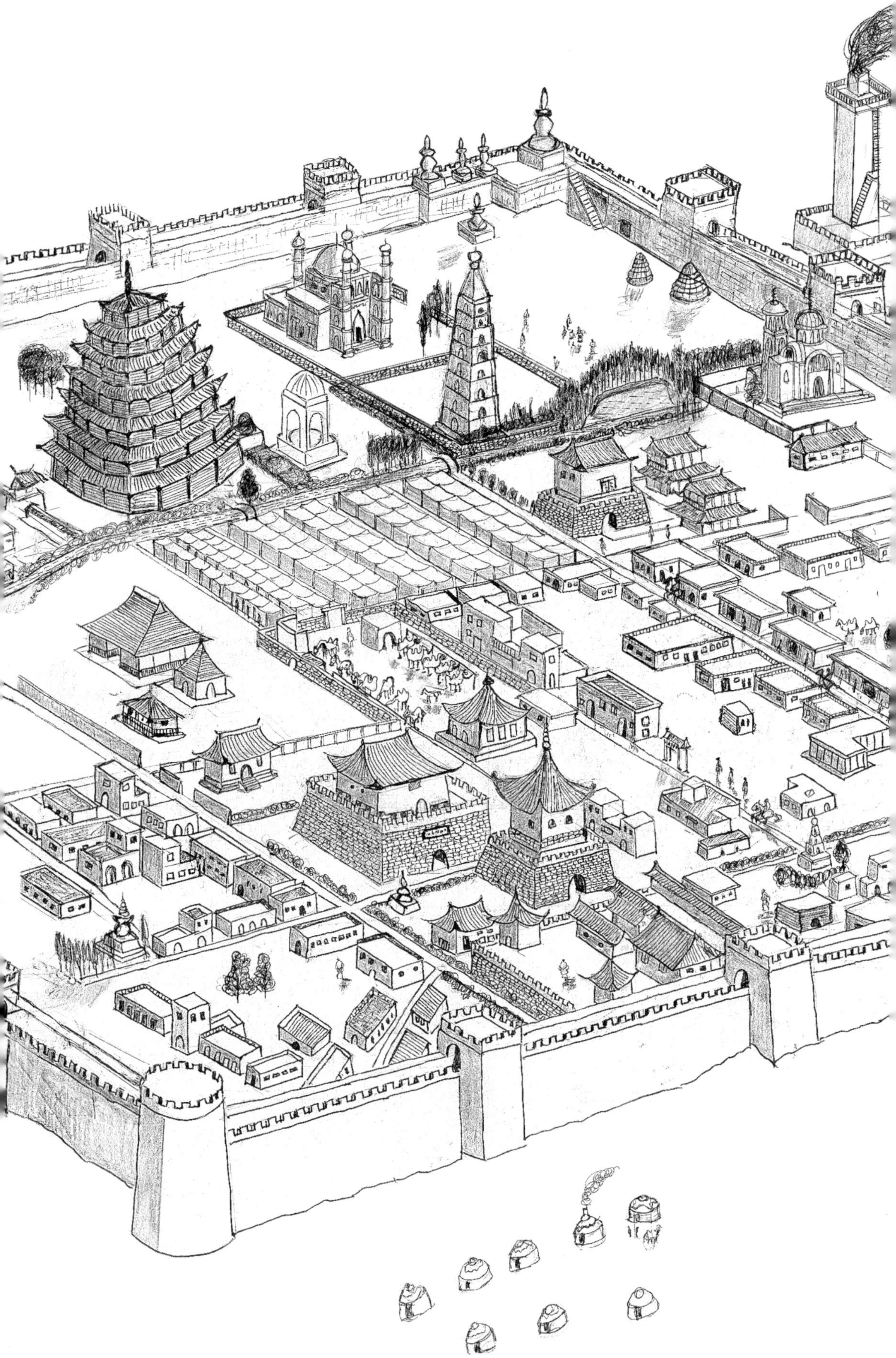

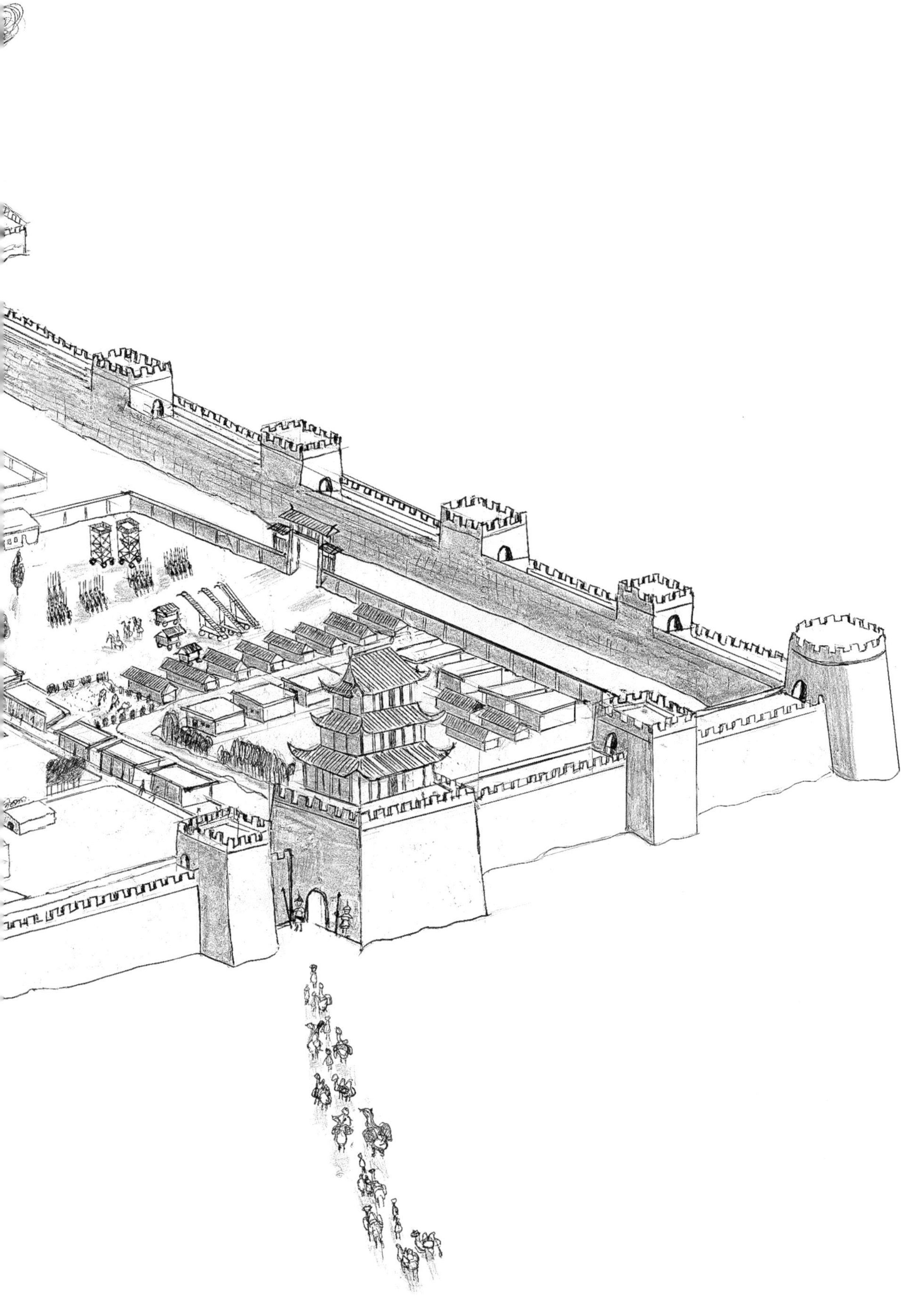